Anita Lehmann

Miteinander reisen und „ma guggen"

Ein anderes Reisetagebuch
Teil 7

Das 7. BUCH !
Viele Jahre begleitete ich Busreisende
durch Europa. Meine Erlebnisse
schrieb ich in Reisetagebüchern nieder.
Es wären niemals sieben Bücher
entstanden, wenn nicht Frank Ralf die
technische Seite übernommen hätte.
Das Buch ist eine Gemeinschaftsarbeit.

Bibliografische Information der Deutschen Nationalbibliothek:
Die Deutsche Nationalbibliothek verzeichnet diese Publikation in der
Deutschen Nationalbibliografie; detaillierte bibliografische
Daten sind im Internet über http://dnb.dnb.de abrufbar.

1. Auflage Februar 2023

https://www.facebook.com/AnitaLehmannReise
https://www.facebook.com/anita.lehmann.9279807

Verlag:
BoD · Books on Demand GmbH, In de Tarpen 42,
22848 Norderstedt, bod@bod.de
Druck:
Libri Plureos GmbH, Friedensallee 273, 22763 Hamburg

ISBN: 978-3-7693-1448-9

Inhalt:

I.   Ostfriesland und seine Inseln

Es war während der Corona Zeit, als ich einen Anruf
von dem Reiseveranstalter bekam, für den ich als
Reiseleiterin arbeitete.
„Ostfriesland? Wirklich Friesland?", fragte ich mehrmals nach.
Gern nahm ich das Reiseangebot an und begann mit
der Vorbereitung, denn ich kenne diese Region
nicht.

Auf der Landkarte kann ich sehen, dass sich Ostfriesland entlang der Nordseeküste erstreckt,
in den Niederlanden und in Norddeutschland.
Ostfriesland reicht im Westen von der Mündung der
Ems in die Nordsee bis zum Jadebusen im Osten.

Der Landkreis Friesland, in dem unser Hotel sein
wird, ist jedoch wesentlich kleiner. Er zieht sich in
einem schmalen Landstrich entlang des Jadebusens
von Nord nach Süd. Ausgenommen ist die kreisfreie
Stadt Wilhelmshaven. Dafür gehört die Insel Wangerooge dazu, die östlichste der „ostfriesischen Inseln".

Ich wurde für diese Reise in eine andere Stadt „aus-
geborgt" und fuhr mit dem Zug einen Tag zuvor
nach Zwickau. In einem kleinen Hotel in der Nähe
des Bahnhofs sollte ich übernachten.

Als ich dort kurz vor 18.00 Uhr ankam, war die Eingangstür verschlossen. Ich klingelte. Unmittelbar darauf stand der Hotelier mit einem großen Schlüsselbund in der Hand vor mir. Er erwartete keine Gäste und war dabei, das Hotel sicher für die Nacht zu verschließen. Sichtlich hatte der Veranstalter vergessen, das Zimmer im Voraus zu bestellen. Wäre ich zehn Minuten später gekommen, hätte ich das Hotel gänzlich verschlossen vorgefunden. Nach diesem kleinen Schreckmoment wurde ich freundlich eingelassen, erhielt Zimmer- und Hausschlüssel und am nächsten Morgen, auch wenn ich der einzige Gast war, ein Frühstück.
„Alles wird nun gut", überzeugte ich mich selbst.

Während dieser Reise befindet sich unser Hotel mitten in Friesland, in der Stadt SANDE.
Ich hatte nachgelesen: Die Stadt wuchs im Zusammenhang mit dem Ausbau Wilhelmshavens als kaiserlicher Marinestützpunkt und der später damit verbundenen Rüstungsindustrie.
Bei der Ankunft am Abend sah ich schlichte, zweckmäßig gebaute Häuser, bei deren Bau der in Norddeutschland übliche Backstein im Vordergrund steht.

In BREMEN war ein Zwischenstopp und damit Freizeit geplant.
Im Reisekatalog wird von einem „gemütlichen Bummel" in der Stadt geschrieben.
Ich biete den Gästen an, mit mir durch Bremen zu laufen.

Glücklicherweise fand der Fahrer einen sicheren Ausstieg gleich in der Nähe der Böttcherstraße. Dorthin, in die Böttcherstraße, führe ich die Gäste zuerst. Sie ist wirklich etwas Besonderes, diese etwas länger als 100 Meter lange, schmale Fußgängerzone.

Die ersten Häuser an dieser Stelle entstanden schon im Mittelalter und existieren nicht mehr. Die jetzigen wunderschönen Backsteinhäuser wurden hauptsächlich am Anfang des 20.Jahrhunderts gebaut.

Trotz des gleichen Baumaterials sieht jedes Haus anders aus.

Ziegelsteine sind in der Regel rau und können in allen Farbschattierungen der roten Grundfarbe auftreten, also auch violett und bräunlich. So unterscheiden sich die Häuser auch farblich.

Ich sehe aber auch Klinkersteine, d.h. Hartbrandziegel, die zur Verzierung der Fassade verwendet wurden. Diese Ziegel haben dann eine glatte Fläche. Dadurch wirken die großen Häuser sehr lebendig und abwechslungsreich gestaltet.

Die Nutzung scheint ebenso breit gefächert zu sein: Museen, Läden, Gaststätten, Ausstellungen, Kunsthandwerker... und Wohnungen? Ich habe vergessen, darauf zu achten.

Die Gäste laufen mit mir, schauen in die Läden, aber ich versuche scheinbar vergeblich, sie für die Gebäude zu interessieren.

Nur beim Glockenspiel, das sich ganz oben am Hausgiebel eines Backsteinbaus befindet, bleiben alle stehen, weil in wenigen Minuten Musik erklingen wird.

Beim Verlassen der Böttcherstraße, auf dem Weg zum Markt, bleibe ich noch einmal stehen, um mit den Gästen das „goldene Relief" zu betrachten, ein Bild aus Bronze, das den Eingang zur Böttcherstraße markiert.

Ich bin mir bei der Deutung nicht sicher, denn ich sehe eine männliche geflügelte Figur, die mit einem Schwert bewaffnet, sich von oben nach unten scheinbar auf die Erde zu bewegt.

Während des Nationalsozialismus sollten einzelne Häuser oder gar die ganze Straße abgerissen werden. Die Häuser galten als entartete Kunst.

Der „Lichtbringer" (so der Name des Bildes) wurde jedoch mit der Person des Führers in Verbindung gebracht. Das Bronzerelief rettete möglicherweise die heutige Touristenattraktion.

Noch standen wir an dieser Stelle, als ein Ehepaar, das sich allein in der Stadt umsehen wollte, zu uns stieß und mich mit einer Frage in Verlegenheit brachte.

„Wo ist das Bremer Loch?", fragten sie. Es folgte der Hinweis der Reisenden, dass dieses Bremer Loch unbedingt anzusehen sei. So zumindest hätten ihre Bekannten in der Heimat gesagt.

Fragend schaute ich meine Gäste an.

„Bremer Loch?"

„Ein besonders sehenswertes Loch in Bremen?"

Ich hatte noch nie davon gehört.

Es reagierte auch keiner der Gäste. Also schaute ich schnell im Internet nach, während wir den Markt-platz querten.

Das „Loch" hat etwas mit dem berühmtesten Denkmal der Stadt zu tun, mit den Bremer Stadtmusikanten.

Es ist sehr schwer, die Stadtmusikanten zu fotografieren. Immer, wenn ich mich mit dem Handy in Position gebracht hatte, kamen eine Familie, Kinder oder nur Oma und Opa und wollten „nur mal schnell" mit den Tieren fotografiert werden, denn mein gelbes Hemd wies mich als Reiseleiterin aus.

Auf dem Platz vor der Bremer Bürgerschaft ist auch das Bremer Loch, ein Schleusendeckel besonderer Art.
Das „sehenswerte" Loch ist eine originelle Spendenbox. Wenn Besucher „die Box" füttern, dann sind in ihrem Inneren tierische Laute zu hören, die an Pferd, Hund, Katze und Hahn erinnern.
Die Idee, auf diese Weise Geld zu sammeln, hatte ein Politiker aus Bremen, Senator für Wohlfahrtswesen, Wilhelm Kaisen.
Selbstverständlich möchte ich auch das Bellen, Miauen, Krähen... hören und füttere die Box.

Gemeinsam gehen wir noch bis zum „Roland".
Mit dem Aufstellen solcher Rolande zeigten die Bürger zu Beginn des 15. Jahrhunderts ihren Stolz, ihre Freiheit, ihre Rechte und ihren Reichtum.
Auch hier müssen die Besucher „anstehen", um den Roland fotografieren zu können.
Dann empfahl ich den Gästen, zum Schnoor zu laufen.

Der Schnoor ist ein Viertel innerhalb der Altstadt, in dem früher, im 15.Jahrhundert bereits, hauptsächlich Fischer und Seeleute lebten.

Mich lockte zuerst das Teehaus.
Ich war schon die Treppen hinaufgestiegen, als mir bewusst wurde, dass an einem der Abende im Hotel ein „Teeseminar", das ist die Formulierung im Katalog, stattfinden würde.
Schnell wurde gedanklich aus dem Genuss von Tee ein Eis.

Mehrere kleine Straßen führen zu einem zentralen Platz, der von kleinen Häusern umgeben ist. Der Platz ist so klein, dass schätzungsweise nur acht Tische mit Stühlen darauf Platz finden.

Im August 2020 gab es eine kleinere Erleichterung innerhalb der Corona-Pandemie. Trotzdem darf ich mich nicht an einen Tisch setzen, an welchem bereits ein Gast Platz genommen hat. Vorsichtsmaßnahme. Ich schaue über den Marktplatz. An jedem Tisch sitzt jemand.

Ich werde also zuerst durch die schmalen Gassen bummeln und es dann noch einmal versuchen.
Es sind wirklich schmale, schmalste Gassen und Gässchen. Eine Straße habe ich auch fotografiert. Sie ist gerade einmal so breit, dass ein kompakter, korpulenter Mensch hindurch gehen kann, ohne stecken zu bleiben.

In diesem Augenblick entdecke ich eine „Bonbon-manufaktur". Ein burgunderroter kleiner Bonbon-transporter stand davor Die besondere Farbe wurde sicherlich auch als Kontrast zum weißen An-strich der Manufaktur gewählt. Ein übergroßer fla-cher runder Lutscher, in burgunderrot und weiß, ließ mich sofort an Süßes denken.

Ich ging zurück zu den gedeckten Tischen auf dem zentralen Platz im Schnoor-Viertel.
Diesmal finde einen kleinen Tisch, an dem nur zwei Personen Platz nehmen dürfen. Selbstverständlich sitze ich allein.
Mein Gegenüber ist zufällig eine ehemalige Telefon-zelle am Rande des Marktes. Sie hat eine neue Be-stimmung erhalten. Bisher sah ich die ausrangierten gelben Telefonzellen als Tauschzentralen für Bücher oder auch als Werbeplätze für Antikes. Diese hier ist gefüllt mit einem farbenprächtigen Blumenarrange-ment. Der Kontrast zwischen der gelb gestrichenen Hülle und der Bepflanzung im Inneren wird in mei-nen Fotos leider nicht deutlich. Die besondere Art der Nutzung finde ich wunderschön.

Das Eis schmeckt vorzüglich.
Da ich allein sitze und mich nicht unterhalten kann, habe ich Zeit, mich umzusehen.
Über den Platz hinweg schaue ich auf die den Markt umgebenden Häuser. Ein bisschen erinnern sie mich an den Marktplatz in Breslau. Hier ist die Häuser-zeile jedoch viel kürzer und die Häuser selbst sind

niedriger: farblich aufeinander abgestimmte Fassaden, unterschiedliche Giebelformen und im Erdgeschoss zur Straße Läden, Cafés und ein Restaurant.

Die Weiterfahrt nach Stade erfolgte pünktlich.
Als wir vor dem Hotel ankamen, war ich überrascht, dass bereits drei weitere Busse davor parkten. Wir waren also im Vergleich mit den anderen Bussen spät dran.

Ich bin verwundert, dass trotz Corona alle Reisegruppen in einem Saal und zur gleichen Zeit speisten. Die Gäste saßen an für die jeweilige Busgruppe festgelegten Plätzen.
Für meine Reisegruppe waren Tische ganz am Ende des Saales festgelegt.
Mehr als 40 Personen kamen also fast gleichzeitig in das Restaurant, in dem schon drei Busgruppen Platz genommen hatten.
Ich stand bereit, die Gäste an den Tischen einzuweisen. Die Wirtin hatte mir versichert, sie habe 41 Stühle an sechs Tischen bereitgestellt.
Die Gäste beachteten mich kaum, sie sahen nur das Buffet und die für sie festgelegten Plätze an den Tischen.
Die einen nahmen Platz und bestellten Getränke, die anderen gingen sofort zum Buffet und die dritten kamen etwas später.
Und dann wurde es unerfreulich für die Gäste, für mich und auch für die Wirtin.
Ich musste eine Einzelreisende bitten, den Platz zu wechseln, weil ein Paar, dass zum Schluss kam und

nachdrücklich, aber auch verständlich, den Wunsch formulierte, zusammen zu sitzen. Die Alleinreisende tat es ungern. Dann musste ich sie zum zweiten Mal bitten. Sie stand mit dem nunmehr gefüllten Teller vor mir. Am Tisch hatte man ihr gesagt, der ihr von der Hotelchefin zugewiesene Platz sei besetzt.
Ich war aufgeregt. Die Frau war wütend.
Noch einmal zählte ich. Es waren 41 Stühle.
Ich konnte es mir nicht erklären.
Zweimal fragte ich an allen Tischen nach. Das Problem löste sich nicht. Ich musste den Gästen eine Übergangslösung anbieten.

Etwa eine Viertelstunde später erfolgte die „Auflösung": Herr X hatte an Tisch Nr.1 einen Platz für seine Frau besetzt und Frau X an einem anderen Tisch für ihren Mann einen Stuhl frei gehalten.
Keiner von ihnen kam auf die Idee, die von ihnen belegten Plätze könnten etwas mit unserer Stuhl-Suche zu tun haben. Am Buffet trafen sich dann die Ehepartner ...
Ich wusste nun, wie der vermeintlich fehlende Platz zustande gekommen war. Aber ich hatte die allein reisende Dame verärgert und die Wirtin durch meine wiederholten Fragen genervt.

Die erste Nacht im Hotel war im eigentlichen Sinn atemberaubend.
Mein Einzelzimmer war in Ordnung; es befand sich direkt über dem Eingang, den Blick hatte ich zur Straße.
Aber dann...

Gegen 2.00 Uhr nachts „krachte, donnerte und polterte" es so laut, dass ich aus dem Bett sprang. Ich fürchtete, dass das Hotel auseinander bricht. Erst Augenblicke später begriff ich, dass der Pilot eines Rettungshubschraubers seine Einflugschneise direkt über dem Hotel gewählt hatte.

Nach diesem Schreckmoment erinnerte ich mich, gelesen zu haben, dass das Krankenhaus, der größte Arbeitgeber der Region, ganz in der Nähe sein musste.

Ich hatte gerade begonnen, wieder Ruhe zu finden, als ein neuer Transport zum Krankenhaus erfolgte. Dieser Pilot flog nicht so tief, und ich weiß ja nun, dass schnelle Hilfe notwendig sein würde.

Aber an Schlaf war erst einmal nicht zu denken.

Die Reisetage vor Ort waren so geplant, dass wir neben dem Festland möglichst viele OSTFRIESISCHE INSELN kennen lernen.

Sieben Inseln sind bewohnt. Davon waren drei Inseln 2020 in unserem Reiseprogramm: Langeoog, Wangerooge und Norderney.

2021, bei meiner zweiten Reise, war nur der Besuch einer Insel geplant, Langeoog.

Am ersten Ausflugstag vor Ort fuhren wir mit einem vom Hotel beauftragten Begleiter „über Land" und nach Wilhelmshaven. Die Rundfahrt im Hafen und ein anschließender kurzer Spaziergang waren informativ.

Die Stadt Wilhelmshaven gehört nicht zu Ostfries-
land, aber das Land und die kleinen Gemeinden und
Landstädte ringsum.
Wir fuhren durch Jever und Aurich, erfuhren durch
eigenes Erleben, was Ostfriesland ausmacht. Es gibt
nicht eine einzige Großstadt, dafür prägen kleine
Orte, Landwirtschaft, Binnenentwässerung und Küs-
tenschutz die Landschaft.
Ausgedehnte Grasflächen, Futterflächen, dienen der
Versorgung der Tiere. Schmale Kanäle oder auch
Busch- und Baumgürtel durchziehen das Land.
Wir erfuhren, dass neben dem Futter hauptsächlich
Getreide und Raps auf den Feldern angebaut wird.
Am meisten, weil noch niemals gehört, beeindruckt
mich die Information über die hier in Salzkavernen
lagernden Rohöl- und Rohgasreserven.

Gleich am Anfang unserer Küstenrundfahrt stiegen
wir in der Nähe von Wilhelmshaven auf einen Deich,
dessen Deichkrone sich in 8,80 Meter Höhe befand.
Anschaulich wurde uns verdeutlicht, wie der Deich-
bau funktioniert.
Ein Sturmflut-Pfahl mit Angaben der tödlichsten
Überschwemmungen verdeutlicht, dass die Sturm-
fluten noch heute eine ständige Herausforderung für
den Ausbau und die Festigung der Küstenlinie sind.

Jetzt, im Spätsommer, sind die Wiesen noch immer
saftig grün. Schafherden tummeln sich.
Die Felder sind durch sogenannte Wallhecken voneinander abgetrennt. Diese Baum- und Gebüsch-

Streifen bilden die Grenze des Besitzes und dienen gleichzeitig auch dem Windschutz.

Die großen, starken Bäume dazwischen sind hauptsächlich Eichen. Die Häuser in den kleinen Orten wurden meist einstöckig gebaut. Der sandige Untergrund erlaubt keine größeren Gebäude.

Fast immer bestehen sie aus Klinker, der die Widerstandskraft gegen den rauen Wind erhöht. Mir gefallen die dunkelroten Häuschen und die gepflegten Gärten.

Sogar die Straßen wurden mit Klinkersteinen gepflastert.

Auf der Rückfahrt zum Hotel komme ich mit meinem Sitznachbarn auf der letzten Reihe ins Gespräch. Er vermutete aufgrund meiner Äußerungen, dass ich im Raum Freiberg/Chemnitz geboren wurde... Ein Wort ergab das andere...

Und dann stellten wir fest, dass wir im gleichen Ort, zur gleichen Zeit, die Schule besuchten. Parallelklassen.

Da muss ich erst von Sachsen nach Ostfriesland fahren, um einen ehemaligen Schulkameraden zu treffen.

Unser erster Inselausflug führte 2020 nach LANGEOOG.

An diesem Tag fahren wir zunächst zum Nordseehafen in Bensersiel.

Obwohl wir pünktlich sind, stehen vor dem modernen Fährterminal schon viele Touristen in einer Warteschlange. Während meine Gäste sich in der unvermeidlichen Reihe anstellen, hole ich die Tickets und staune dabei über das Fährterminal. Es ist groß, ziemlich neu, funktional, übersichtlich und leer.
Sicherlich sind in normalen Sommern mehr Touristen unterwegs als jetzt zur Corona-Zeit.

Am Kartenschalter teilt man mir mit, dass nur drei Tage zuvor eine Urlauberin die letzte Fähre zur Rückfahrt verpasst habe. Sie musste mit dem Hubschrauber zurückgebracht werden. Es gibt täglich nur eine Handvoll Verbindungen zwischen dem Fährhafen von Bensersiel und der Insel.
Das erzähle ich schnell noch meinen Gästen, denn das sollte uns keinesfalls passieren.

Meine Reisegruppe darf als erste auf das Schiff; die Gäste können sich also „ihren" gewünschten Platz wählen.
Ich genieße ebenfalls die Überfahrt und fühle mich fast ein wenig „kreuzfahrtmäßig".
Die Fähre ist die einzige Verbindung zwischen dem Festland und der etwa zehn Kilometer entfernten Insel.

Langsam verlässt die "Langeoog III" den Hafen; die Ausfahrt erfolgt auf einer mit Faschinen begrenzten Wasserstraße. Es ist kaum Wellengang, trotzdem

trägt das Meer kleine Schaumkämme. Im Augenblick hat es sich zurückgezogen, es herrscht Ebbe.
Ich schaue zurück zum Festland.
Am Horizont zeichnet sich ein dunkler Streifen ab, der Hafen von Bensersiel.
Versonnen schaue ich auf das graugrüne Wasser, eine einsame grüne Boje taucht auf, dann eine orangefarbene…, sicherlich die Kennzeichnung der Fahrrinne durch das Wattenmeer.

Wattenmeer?
Ich mache mich kundig: Das Wattenmeer wurde 2009 in die Liste der UNESCO aufgenommen.
Die Entstehung des Wattenmeeres ist eine Folge der Eiszeit. Seit ca. 8 000 Jahren sank hier der Wasserspiegel, es bildete sich das Wattenmeer und das Watt, also der Teil, der mit den Gezeiten auftaucht und wieder verschwindet.

Eine Stunde vergeht viel zu schnell. Bald schon ist wieder Land in Sicht, die Insel LANGEOOG.

O je! Auf halber Strecke fiel mir ein, dass ich den Gästen eine wesentliche Information vorenthalten hatte. Einfach vergessen! Ich musste sie schnellstens informieren: Wir werden nach Ankunft am Fähranleger direkten Anschluss an die Inselbahn haben, also sofort in eine bereitgestellte Kleinbahn einsteigen.
Der Zug hat nur eine Spurbreite von einem Meter, ist eingleisig, nicht elektrifiziert, vor allem sind so-

wohl die Lok als auch die Waggons farbig. Die Lokomotive hat ein kräftiges Rot, die Waggons sind u.a. gelb, grün und blau.
Scheinbar jeder Tourist, der einen Fotoapparat oder ein Handy mithat, fotografiert die farbigen Waggons. Der Anblick des Zuges sorgt schon für gute Laune.

Der von mir fotografierte Wagen hat eine dunkelgrüne Farbe.

Auf den Holzbänken im Inneren ist auch genügend Platz für alle Reisenden.

Die Fahrt dauert keine zehn Minuten. Man könnte die 2,5 Kilometer lange Strecke auch zu Fuß gehen, aber die Zugfahrt ist einfach toll.

Der Zug rumpelt durch grünes, flaches Land. Aus dem Lautsprecher höre ich während der Fahrt kommentierende Worte.

„Salzwiesen" sind da draußen, erfahre ich. „Salzwiesen" ist der Begriff für den Übergang zwischen Land und Meer, dem Meer abgerungenes Land. Dieses Land wird regelmäßig vom Wasser überspült. Dadurch fließen immer wieder Sedimente (Schwebeteilchen) über den Boden; es entsteht neuer Grund für Pflanzen. Diese Pflanzen, und wohl auch die Tiere, müssen mit dem salzhaltigen Untergrund zurechtkommen.

Ich sehe sie zum ersten Mal. Mein Blick gleitet über eine ebene, grüne Wiese; nur das Gras ist nicht so zart wie auf den heimischen Wiesen und Weiden, sondern robuster, krautiger. An einigen Stellen schimmert es lilafarben; diese Pflanze kenne ich nicht.

Auf der Insel angekommen, sammle ich die Gäste und begleite sie zu unserem vierten Fortbewegungsmittel an diesem Tag.
Auf dem Vorplatz stehen drei Pferdewagen, mit denen wir in den Ort, durch den Ort und um den Hauptort der Insel gefahren werden. Der Kutscher ist gleichzeitig auch der „örtliche Fremdenführer".

Nachdem ich eine Liste der Teilnehmenden bereits vor der Überfahrt abgegeben hatte, musste ich auch am Pferdewagen eine solche vorweisen. Nichts geht ohne Listen und Masken.

Die Insel ist mit nur 20 Quadratkilometern für den Urlauber überschaubar.
Wir sehen, dass der gesamte Ort blitzblank geputzt ist. Aber die Straßen sind leer, die Geschäfte sind zwar geöffnet, aber es kommen fast keine Urlauber vom Festland.
Auf einem Plakat an einem Wohnhaus im Zentrum lese ich in diesem Zusammenhang: "Kopf hoch. Wir stehen das durch."
Mit seinem Fuhrwerk bringt uns der Kutscher kreuz und quer durch den Urlaubsort. Das Klappern der Pferdehufe auf den gepflasterten Straßen erweckt Vorfreude auf das spätere eigene Entdecken; das wiederholte "Äpfeln" wird als gegeben hingenommen.
Ich sitze ganz hinten im Wagen und verstehe von den Ausführungen wenig.
Wichtig erscheint mir die Information, dass in der Saison zehnmal so viele Gästebetten vermietet werden als Einwohner auf der 20 Quadratkilometer großen Insel leben (1 800 Einwohner).
Dann konnte ich hören, dass die Insel über eine eigene Süßwasserlinse verfügt, es muss also kein Trinkwasser zur Insel gebracht werden.
Und dann war ich über eine dritte Information erstaunt: es gibt auf der gesamten Insel nur drei Häuser mit einem Reetdach.
Und dann noch: Langeoog ist ein anerkanntes Seeheilbad.

Diese Informationen reichten mir. Alles andere
würde ich nachlesen oder bei meinem Spaziergang
selbst entdecken.
Nach der Kutschfahrt blieb mir genügend Zeit.

Der erste Weg führte mich hinauf in die Dünen zum
Wahrzeichen der Insel, dem „ Wasserturm".

So jedenfalls wird der Turm in allen Beschreibungen
der Insel genannt.
Als Wasserturm wird er jedoch nicht mehr genutzt.

Ich hatte ihn aufgrund der äußeren Hülle für einen Leuchtturm gehalten. Das ist er jedoch auch nicht, obwohl es viele Besucher glauben.

Trotzdem ist der Turm notwendig; als Seezeichen hat er eine wichtige Funktion für die Küstenschifffahrt.

Bei meinem ersten Besuch auf der Insel konnte ich nicht auf die Aussichtsplattform. „Geschlossen wegen Bauarbeiten!"

Ich ärgerte mich, weil man einen fantastischen "Rundblick" auf den Ort, das Meer und die umliegenden Inseln haben soll.

Bei meinem zweiten Besuch führte mich mein erster Weg wieder zum Turm. Der fertig sanierte Turm war geöffnet!

Ich stellte mich in die Reihe der zukünftigen Besucher der Aussichtsplattform. Und dann…

Ich sah das Innere vor mir. Neue Treppen, aber so gebaut, dass man durch die Stufen nach unten sehen kann!

Und das war es dann.

Meine Beine zitterten, die Höhenangst hatte mich wieder voll im Griff, obwohl ich doch seit kurzem glaubte, sie überwunden zu haben. Folglich musste ich auf den erhofften Rundblick verzichten.

Vor dem Erreichen des außerordentlich langen Sandstrandes (14 Kilometer) waren die Dünen zu queren. Sowohl im Sommer als auch im Herbst bereitet es mir große Freude, durch die Dünen zu wandern.

Ich tat es gründlich, denn die Höhenpromenade bot immerfort neue, faszinierende Ausblicke auf das Meer und den Wasserturm.
Die mit Ginster, Sanddorn, Strandhafer und vor allem Dünenrosen bewachsenen Flächen zeigten sich in allen Farben. Die Dünen beeindrucken mich immer mit ihrer Fülle an Farben.
Im Herbst leuchteten die Hagebutten in dunklem Rot, und daneben waren noch einzelne Blüten oder gar nur einzelne Blütenblätter in hellem Rosa.

Ich fühlte mich zwischen den bis zu 20 Meter aufstrebenden Hügeln der Dünen wie in einem Zauberland.
Lange Zeit verbrachte ich fotografierend dort.
Endlich entschloss ich mich, die vom Wind geschützten Dünenwege zu verlassen und weiter, immer in östlicher Richtung, am Strand zu laufen.

Schon im vergangenen Jahr hatte ich auf einer der Kappdünen gestanden, den scheinbar endlosen Strand, die Wellen und die Strandkörbe fotografiert.

Jetzt, Ende Oktober 2021, stehe ich wieder hier - mit Anorak, Mütze und Schal. Ein ganz anderes faszinierendes Bild bot sich meinen Blicken.
Ein "Sandsturm" fegte über den flachen Badestrand. Noch niemals hatte ich so etwas gesehen. In meinen Vorstellungen verband ich einen Sandsturm mit wehendem Sand in der Sahara. Und nun erlebte ich hier die wesentlich kleinere Ausgabe. Alle Fußspuren, alle von Kindern gebauten Sandburgen, selbst

die Vertiefungen um die Strandkörbe waren zuge-
weht, verweht. Flacher Sand ohne Spuren bis zum
Horizont, bis zum Meer!
Ich schaute dem Spiel eines Hundes zu, der immerfort irgendeinem Gegenstand nachjagte, ihn aber
nicht erreichte, weil der Wind unberechenbar war.
Nur wenige Menschen waren am Strand, aber dieje-
nigen, die einen Strandspaziergang wagten, genos-
sen es.
Ich lief - lief - lief und lief, ich konnte nicht genug
von meinem Spaziergang bekommen.
Und immer wieder blickte ich zurück, um zu beobachten, wie sich meine Fußspuren im Sand verloren.

Der Fahrer hatte mich gebeten, etwas Typisches,
nämlich getrocknete Sanddornfrüchte, mitzubrin-
gen.
Ich fand auch schnell das Gewünschte, das ganz besondere Geschäft mit Sanddorn. Im Laden unterhiel-
ten sich zwei Männer, die Tür ließ sich öffnen. Ich
trat ein, fragte nach getrocknetem Sanddorn und erhielt zur Antwort: „Wir haben geschlossen. Kommen
Sie wieder, wenn wir geöffnet haben." Es war 13.50
Uhr und um 14.00 Uhr, so lese ich nun draußen an
der Tür, würde der Laden geöffnet sein.
Wenige Häuser weiter war ein Lebensmittelgeschäft
geöffnet. Das Spezialgeschäft kann mir gestohlen
bleiben.

Während der Kutschfahrt am Morgen war uns auch das reetgedeckte Gästehaus „Der Sonnenhof" gezeigt worden, in dem die Künstlerin Lale Andersen wohnte, wenn sie sich in Langeoog aufhielt. Die Sängerin (1905-1972) ist auf der Insel auch ein halbes Jahrhundert nach ihrem Tod immer noch eine touristische Attraktion. Lale Andersen liebte die Insel, trat dort als Sängerin auf und wurde auf dem Dünenfriedhof bestattet.

Im Zentrum der Insel erinnert ein Denkmal an sie.

Noch immer bleibt mir Zeit bis zur Abfahrt des Zuges, deshalb sehe ich mich nach einem Café um und entdecke einen wunderbaren Platz: einen Strandkorb mitten im Ort. Er gehört zur Ausstattung. Ich freue mich, denn ich kann nunmehr Strandkorbfeeling und Kaffee genießen und dabei noch dem „Treiben auf der Straße" zusehen. Es gibt zwar nicht viel zu sehen, aber schön ist es trotzdem!

Nach der ausgiebigen Pause bummle ich ganz langsam entlang der Hauptstraße Richtung Bahnhof. Etwa in der Mitte der Strecke biege ich noch einmal ab, besichtige ein besonderes Kleinod der Insel, die evangelische Inselkirche, deren Bau notwendig geworden war, als immer mehr evangelische Touristen auf die Insel kamen.

Alle Gäste waren pünktlich.
Wäre ich privat auf der Insel gewesen, dann würde ich die Wegstrecke zurück zum Hafen laufen. So

aber stand ich mit meinem kleinen Fähnchen am Bahnhof...

Am späten Nachmittag kommen wir der Einladung zu einer friesischen Teezeremonie nach.
Einladend waren die Tische gedeckt – mit dem richtigem Teegeschirr: flache Tassen, die Teekanne stand auf dem Stövchen, die Teelichter darunter verbreiteten angenehme Wärme, weiter standen auf dem Tisch Kandiszucker, Sahne und leckerer Früchtekuchen.
Natürlich wusste ich, dass die Ostfriesen seit dem 17.Jahrhundert starke Teetrinker sind, dass sie ein Drittel des deutschen Verbrauchs konsumieren. Durchschnittlich drei Kilogramm würde jeder Ostfriese trinken. Ich gehöre wohl zu den Durchschnittsdeutschen, die laut Statistik nur 170 Gramm verbrauchen.
Der Gastgeber erklärte die Zeremonie des Aufbrühens und des Trinkens. Zuerst Kandis oder Würfelzucker (er nannte es Kluntje), dann Tee und danach erst Sahne. Diese soll man mit einem kleinen Löffel ringförmig auf den Tee geben, aber keinesfalls umrühren. Wir taten alles, wie geheißen.

Die Teestunde vergeht in angenehmer Unterhaltung. Nach dem Abendbrot werden wir uns noch einmal treffen.
Ein Shanty-Chor wird auftreten.
Eine reichliche Stunde kann ich mich in mein Hotelzimmer zurückziehen. Ich freue mich, eine so aufgeschlossene Reisegruppe zu haben.

Ich muss ein wenig abschweifen:
Bei einer vorangegangenen Reise in den Harz hatte
ich sehr viele Probleme, die ich leider auch nicht lö-
sen konnte.
Ich erinnerte mich: Es war auch der zweite Reisetag.
Morgens, beim Frühstück, kam eine nette Reisende,
Mitte 70, ganz aufgeregt an meinen Tisch, um mir
mitzuteilen, dass ihr gesamtes Reisegepäck nicht
mehr da sei. Alles sei weg. Ihre Schuhe, ihr
Nachthemd, ihr Koffer.
Einfach alles.
Sie habe es in der Rezeption schon gemeldet, die An-
gestellten wüssten Bescheid.
Ich war entsetzt über das Vorkommnis und eilte
zur Rezeption.
Dort erfuhr ich, dass die Mitarbeiter das Zimmer be-
reits kontrolliert hatten. Es sei alles in Ordnung, alle
Sachen seien in dem Zimmer.
Zurück im Speisesaal, bat ich die Frau, mit mir das
Zimmer aufzusuchen. Wir schlossen die Tür auf, die
Kleidung, die Schuhe... alles war da.
"Wie haben die das nur gemacht? In so kurzer Zeit.
Und alles an den richtigen Platz gestellt. Sogar
meine roten Schuhe. Genau hier standen sie ges-
tern." Die verwirrte Reisende staunte.
Wir Zwei sehen sehr genau nach, ob auch wirklich
nichts fehlte. Ich war überzeugt, dass die Frau sich
im Zimmer geirrt haben musste, vielleicht war sie in
ein Zimmer geraten, dass vom Personal für neue
Gäste vorbereitet wurde.
"Es ist alles wieder da."

Frau X. brachte an allen folgenden Tagen ihre Verwunderung zum Ausdruck, dass „der Dieb" alles zurückgebracht hatte.

An diesem zweiten Tag musste sie auch zum Testen, weil sie es zu Hause versäumt hatte. Nach der Freizeit in Goslar, die sie dazu nutzen musste, suchte sie nach ihrer Rückkehr im Bus ihre rosa Jacke.

Ich hatte am Morgen nicht darauf geachtet, ob sie eine Jacke trug, glaubte ihr aber, da es am Morgen recht kühl war. Ich nahm an, dass die Jacke im Testcenter hängen blieb. Deshalb rief ich dort an. Keine Jacke.

Frau X. suchte weiter im Bus. Immer wieder. Der ansonsten ruhige Busfahrer wurde langsam nervös.

„Die Frau denkt wohl, ich will ihr rosa Jäckchen anziehen."

Sie fand ihre Jacke bis zum Ende der Reise nicht.

Die Reisende tat mir leid. Möglicherweise war sie durch die Veränderungen, die eine Reise mit sich bringt, völlig durcheinander.

Wie gesagt, ich war froh, dass unterwegs bisher alles problemlos verlief.

Am Abend regnete es. Als die ersten Männer des angekündigten Shanty-Chores eintrafen, war die Erwartungshaltung groß.

Wir wurden nicht enttäuscht.

Der Abend war unterhaltsam: die Gäste „feierten" den alten „Holzmichel", sangen und ließen sich sogar zu einer Polonaise auffordern.

Vergangen war ein informativer, interessanter Tag, mit dem alle Gäste zufrieden waren. Sie hatten viel gesehen, hatten viel geguckt, wie wir Sachsen sagen.

Im Sommer 2020 besuchen wir am darauf folgenden Tag auf die Insel WANGEROOGE.

Wie am Tag zuvor fahren wir nach Norden zum Fährhafen Harlesiel.
Hier, wo die Harlem in die Nordsee mündet, wartet auch diesmal ein Schiff.
Heute ist es schon selbstverständlich, dass das Terminal groß und gediegen aussieht. Auch hier gibt es eine Vielzahl von Gästen, die über einen mit Seilen gekennzeichneten Weg reibungslos auf das Schiff gehen. Auch hier müssen wir Maske tragen und Listen abgeben. Corona-Vorsichtsmaßnahmen.

Angekommen auf der Insel erfolgt erneut ein Umstieg. Wieder ist es eine besondere Bahn.
Es sind über 20 Jahre alte Waggons der einzigen Schmalspurbahn, die in Deutschland von der Deutschen Bahn betrieben wird. Die Waggons sind nicht so kunterbunt, die Sitzplätze bequemer, die Fenster größer, aber nicht zu öffnen. Ich genieße das ratternde Erlebnis mit dem Blick über die Weite des Watts.

Auf der Insel angekommen gibt es „Freizeit für alle".
So steht es im Reisekatalog.
Verlaufen kann man sich nicht. Es führt nur eine einzige Straße in den Ort.

Wir haben etwa drei Stunden Zeit
„Genug zum Guggen", fand ich..

In den verschiedensten Touristenführern wird im-
mer eine bauliche Attraktion auf der Insel erwähnt,
das „Café Pudding".
Es ist zu lesen, dass das Gebäude 1949 über den
Grundmauern eines ehemaligen Bunkers eröffnet
wurde.
Eine einheimische Familie übernahm nach dem
Krieg den Bunker, erhielt die Auflage, ihn zu „entmi-
litarisieren" und errichtete zunächst einen Kiosk.
Nach und nach entstand das Café.

Das kreisrunde Gebäude am Ende der Straße ist ein
Blickfang. Es steht auf einer Düne, auf die eine breite
Steintreppe hinaufführt.
Das Haus selbst sieht aus wie ein verzierte Torte, die
ringsum mit rot weißen Sonnenschirmen ge-
schmückt wurde.
Unter einem der Schirme nehme ich Platz. Während
ich den Kaffee genoss, erfuhr ich auch, dass der
Name nicht von einer Süßspeise abgeleitet wird,
sondern von einer regionalen Redeweise.
„Ich geh' um den Pudding" sagt man hier, wenn man
einen Spaziergang um den Häuserblock macht.
Ich laufe außen und innen „um den Pudding". Von
einem ehemaligen Bunker ist nichts zu erkennen.
Die Aussicht nach allen Seiten beeindruckt mich.

Wind spülte weiße Wasserkämme an Land, im Wasser selbst waren nur wenige Urlauber, hauptsächlich Kinder. Die Strandkörbe schienen alle besetzt zu sein. Unzählige Urlauber hatten sich als Schutz vor dem treibenden Sand „Sandburgen" gebaut. Scheinbar geschützt hinter einem Strandkorb setze ich mich unterhalb des Cafés in den Sand. Ich saß und genoss...

Ich wollte jedoch nicht nur faulenzen, sondern die Insel und den Ort erkunden. Deshalb bummelte ich die Promenade und eine kleine Einkaufsmeile entlang. Hotels, kleinere Restaurants, eine Eisdiele und Souvenirshops prägten das Gesicht des Ortes.

Als ich in die schmaleren Straßen kam, nahm ich bewusst die vielen Ferienhäuser wahr.
Alle hatten sie gepflegte Vorgärten, verschieden groß, und am Eingangstor befand sich jeweils ein Kästchen mit Flyern, ein Angebot, diese Ferienwohnung zu mieten.

Im Zentrum des Ortes entdecke ich einen kleinen
Park, gepflegt wie alles andere auf der Ferieninsel.
Von hier aus kann ich schon den roten Leuchtturm
sehen.
Leider ist er geschlossen. Und damit kann ich auch
das 39 Meter hoch gelegene Hochzeitszimmer nicht
besuchen.
Aber der Turm ist auch von außen fotogen.

Langsam laufe ich weiter über die Insel.

Werde ich heute nach dem Abendbrot die Kraft finden, mir den Urlaubsort Stade anzusehen?
Jeden Tag nahm ich mir vor, abends in Stade zu bummeln. Nie wurde etwas daraus, denn der jeweils nächste Tag war streng getaktet und ich zu müde.

Vor meiner Abreise nach Ostfriesland war mir die Insel NORDERNEY durch Erzählungen am vertrautesten.

Im Hafen von Norddeich, nördlich von Aurich, begann unsere Entdeckungsreise.
Mit einer modernen Fähre dauert die Überfahrt genau 55 Minuten. Die Fähre bot viel Platz, nur wenige Urlauber fuhren auf die zweitgrößte ostfriesische Insel.

Ein „Linienbus" wartete schon auf unsere Reisegruppe. „Eine Rundfahrt mit einem Bus?" Ich staunte. Vorstellbar war ein kleiner Touristenbus, nicht ein so großer Bus. Die Rundfahrt und die Kommentare reichten bei weitem nicht aus.
In Erinnerung blieben mir nur das höchste Bauwerk der Insel, der Leuchtturm aus dem 19.Jahrhundert, und eine Windmühle.

Mich beeindruckte aber die Dünenlandschaft.
Im Norden der Insel hielt der Busfahrer an den „Weißen Dünen". Wir steigen aus und laufen hinauf auf die Düne. Der Blick aufs Meer ist traumhaft, aber

auch der zurück auf das hinter uns liegende flache
Land ist beeindruckend.

Als es Zeit wurde, zum Bus zurückzukehren, fotografierte ich zigmal die von Stürmen geprägten Birken, sogenannte Windflüchter. Die Äste und sogar
die Stämme der Bäume neigten sich nach Süden.
Wenn ich zeichnen könnte, dann wären diese Birken
auch das am häufigsten gewählte Motiv.

Ich lerne, während wir nun weiterfahren, dass es
neben den weißen Dünen, wo lediglich Strandhafer
wurzeln kann, noch graue und braune Dünen gibt,
mit jeweils mehr Bewuchs.

Norderney ist 14 Kilometer lang und nur zweieinhalb Kilometer breit, 6 000Einwohner sind hier zu
Hause.

Wir sind unterwegs in der einzigen Stadt im Westen der Insel.

Das Seeheilbad verfügt über alles, was Touristen und Erholungsuchende benötigen. Ich entdecke ein zentral gelegenes Kurhaus aus dem 18.Jahrhundert, aber auch moderne Häuser und sogar Hochhäuser, weiter Hotels, Pensionen, Cafés, Restaurants, Eisdielen...

Ich laufe hin und her, aber ich bin nicht sonderlich gefesselt. Ohnehin bleibt wenig Zeit, bis wir wieder auf den zentralen Platz müssen, wo die Busse zum Hafen abfahren.

Während der Rückfahrt suche ich mir einen Platz, von dem aus ich das Geschehen an Deck beobachten kann, aber auch das am späten Nachmittag stürmische Meer.

Es war eine beeindruckende Überfahrt, für mich das schönste Erlebnis des Tages.

Fazit: Während des Aufenthalts, auf der Insel Norderney besonders, können nur erste Eindrücke gesammelt werden.

In Gedanken fasse ich die Reise zusammen:

Den Gästen hat die Reise gefallen, sie äußerten sich alle positiv. Bei den Besuchen auf den Inseln und den allgemeinen Informationen bei der „Rundfahrt" hatten sie viele Informationen erhalten. Alle betonten, dass ihnen die viele Freizeit zum eigenen Entdecken besonders gefiel.

2. MASUREN- Land der Seen

Endlich!
Es geht wieder los!
Genesen, geimpft oder getestet, aber in jedem Fall
mit Maske, sitzen die Gäste im Bus.
Trotz andauernder Pandemie wollen die Menschen
reisen.

Erste Fragen werden beantwortet:
„Wie lange fahren wir heute?"
„Wann ist die erste Pause?"
„Wie viele Kilometer sind es bis zum Ziel?"
Ich wurde auch schon vor der Abfahrt gefragt:
„Wann sind wir da?"
Gemeint war da nicht die abendliche Ankunft am
Hotel, sondern die Rückkehr am Abfahrtsort.

800 Kilometer sind laut Auskunft des ADAC nach
Masuren zu fahren. Unsere polnische Reiseleiterin
hatte uns im vergangenen Jahr erklärt, dass „Masuren" ohne Artikel gebraucht wird. Wir fahren also
nicht „in die Masuren", sondern „nach Masuren".
„Ermland und Masuren" ist eine von 16 Woiwod-
schaften in Polen; die Grenzen wurden erst 1999
neu festgelegt.

Aus Sachsen kommend ist unser Zwischenziel der
Grenzübergang Frankfurt/Oder.
Die neue Autobahn in Polen verläuft scheinbar
schnurgerade bis Posen. Auffallend sind die vielen

Brücken über die Autobahn und die entlang der Straße angelegten Schutzstreifen, hauptsächlich Laubbäume.

Die Felder sind jetzt, Ende August, abgeerntet. Goldgelbe und bräunliche Stoppelfelder und vor kurzem umgeackerter Boden, also dunkle Erdschollen, wechseln sich ab.
Der Mais „steht gut", dunkelgrün und frisch. Auch da sind es riesige Felder.
Nicht ein einziges Kartoffelfeld ist zu sehen.
Erst nach der Stadt Thorn fahren wir wechselweise auf Nationalstraßen, auch durch Orte, und dann wieder auf Teilen einer noch fertig zu stellenden Autobahn.
Schließlich queren wir die Weichsel.
Meine Bilder, aus dem fahrenden Bus fotografiert, zeigen einen geruhsam fließenden Strom, an dessen grünen Ufern auffallend viele Sandbänke zu sehen sind. Schiffbar ist der Fluss nicht, obwohl er mit über 1 000 Kilometern Länge zu den großen gehört.

Langsam steigt die Erwartung meiner Gäste.
Wälder und Seen rücken scheinbar näher zusammen, die Straßen sind schmaler.

„Altjablonken" (Alte Apfelbäumchen) hieß unser Urlaubsort bis 1938, dann erhielt er den deutschen Namen „Altfinken" und heißt nunmehr polnisch „Stare Jablonki".

Erst nach 18.00 Uhr, nach fast 12 Stunden, kommen
wir im Hotel an, besser gesagt in einer Hotelanlage,
denn viele kleinere Häuser gruppieren sich zu einem eindrucksvollen Ensemble.
Das Hotel wurde an einem der zirka 3300 Seen gebaut, dem Großen Schillingsee.

Bauherr war der Unternehmer Richard Anders, er
war Besitzer von Wäldern und Sägewerken. „Ost-
preußischer Holzkönig" wurde er genannt.
1945 wurde der Besitz verstaatlicht, später von einer Firma aus der benachbarten Stadt Allenstein
gekauft.

Zwischen den einzelnen Gebäuden wachsen
schlanke Birken. Ihre hoch aufragenden weißen
Stämme lassen genügend Raum zum Schauen.

Ich wohne im sogenannten „Palast", im ehemaligen Wohnhaus der Familie Anders. Dieses Haus ist vom Äußeren her eher bescheiden, es passt zur Lage am See und am Rand des Waldes.

Ich „residiere" im 2. Stock, mein Zimmerchen ist sehr klein, an Quadratmetern genügend, aber die Möbel sind „echte Anders", wuchtig groß und aus dunklem Holz mit Messingbeschlägen. Die goldfarbene Tapete passt zu den herrschaftlichen Möbeln.

Das Wohlfühlerlebnis in meinem Raum wird nur dadurch getrübt, dass der ohnehin kleine Raum wirklich sehr vollgestellt ist. Mein Koffer findet keinen Platz auf dem Fußboden; ich stelle ihn einfach in den Kleiderschrank unter die Stange mit den Kleiderbügeln.

Der Holzbaron würde sich über die Vielzahl der Steckdosen in meinem kleinen Zimmer wundern. Als ich mein Handy aufladen will, musste ich, unter dem Schreibtisch hockend, die Zuführungen sortieren: Schreibtischlampe, Kühlschrank, Wasserkocher, Fernseher. Einen Stecker musste ich ziehen, um Platz für mein Handy zu schaffen.

Am ersten Abend saß ich nur im Außenbereich des Hotels, eine Aussichtsplattform zwischen Hotel und See.

Erst am zweiten Abend waren meine Gäste und ich zu einem kleinen Spaziergang außerhalb der Anlage bereit.

Zum See hinunter führen sehr viele Stufen. Leider habe ich versäumt, sie zu zählen. Diesen ersten Teil des Weges gingen fast alle Urlauber. Ein paar Wenige liefen noch mit mir durch den Wald bis zu den Sportanlagen des Hotels. Letztlich blieben auch sie zurück.

Dorfstraße, Radweg und „Jakobsweg" in einem führten durch den kleinen Ort.
Die blaue Muschel, das Symbol des Jakobsweges, fand ich mehrfach.

Das Schild für die Benutzung des Radweges war am Wegweiser ganz unten angebracht - und auch noch verkehrt herum. Somit verwies es darauf, dass der Radfahrer ab sofort sein Rad mit Sattel und Lenker auf der Straße vorwärts bewegen müsste.

Weder im Dorf noch danach fand ich einen Zugang zum See und kehrte deshalb um, schlenderte zurück.

Der an das Dörfchen anschließende Wald, hauptsächlich Laubwald, hat eine kräftig grüne Farbe. Die Baumarten sind vielfältig: im Dorf reifen gerade die Früchte der Holunderbäume, die Vogelbeeren leuchten weit mit ihren hellroten Früchten. Apfelbäume und die gelben und blauen Früchte der Pflaumenbäume verleiten zum Kosten.
Aber auch Thujen, Blautannen und riesige Weidenbäume stehen hier.
Die Baumkronen der Eichen und Ahornbäume gleichen Vulkankegeln.
Am Wegesrand blühen Sonnenhut und Goldrute.
Auf den Fensterbrettern liegen Zwiebeln und Knoblauch zum Trocknen.
Mein Weg führt durch eine heile Welt.

Ich entdecke mitten im Dorf ein Wegkreuz, das mit bunten Bändern geschmückt war. Es ist eines von vielen, die ich in Polen sah.
Am 15.August (heute ist der 24.August) wird in Polen Mariä Himmelfahrt gefeiert. Alle Marien Statuen werden bunt geschmückt.

Unser erster Tagesausflug führt nach
HOHENSTEIN/OLSZTYNEK.
Zuerst wollen wir uns das Freilichtmuseum anse-
hen, danach die Stadt selbst.

Das Museum wird wie in Skandinavien auch
„Skansen" genannt. Hier sind typische regionale Ge-
bäude des 19.Jahrhunderts zu sehen.
Ein Teil davon stammt aus dem Freilichtmuseum in
Königsberg, der größere Teil wurde nach dem
2.Weltkrieg in ganz Ostpreußen gesammelt.
Annähernd 70 Gebäude stehen bisher im fast 100
Hektar großen Areal inmitten von Wiesen und Fel-
dern.

Der korrekte Name lautet „Freilichtmuseum der
Volksbauweise".
Am ehesten vergleichbar ist es für mich mit unse-
rem ostdeutschen Spreewaldmuseum in
Lehde/Lübbenau, das ich immer wieder gern besu-
che.

Während unseres Rundganges stapfen wir über
Sandwege und kargen Waldboden, laufen im Schat-
ten von hohen Buchen, Birken und Kiefern. In der
Ferne glitzert das Wasser eines Sees in der Sonne.

Nach dem Queren der Brücke über ein schmales
Wasser stehe ich vor dem ersten Kleinod, einer Öl-
mühle. Sie wurde aus solidem Holz gebaut; ihre
nach oben strebenden schwarzen Bretter stehen

auf einem Steinsockel, der aus runden Moränenstei-
nen gemauert wurde.

Begeistert bin ich von der Einrichtung des alten
Schulgebäudes. Hell ist es im Raum; hell ist auch das
im Raum verwendete Holz.
Platz für über 20 Schüler. Mit Sicherheit wurden
hier Kinder verschiedenen Alters unterrichtet.

Ich sehe auch, dass das Toilettenhäuschen draußen
etwas abseits steht und vermute, dass es dort im
Winter sehr kalt werden könnte.
Im Schulraum selbst steht ein großer brauner Ka-
chelofen neben der Schiefertafel.

Alle Räume im Schulhaus des Museums sind im da-
maligen Zeitverständnis eingerichtet.

Im Wohnzimmer des Direktors verziert eine gestickte Decke den Tisch, in der Schule liegen Arbeitsblätter auf den Schulbänken, eine Landkarte wurde am Ständer befestigt.

Weiter spazieren wir durch die dörfliche Anlage.

Die ungewöhnliche Konstruktion des Glockenturmes und die daneben stehende Holzkirche gehören zu den Objekten, die die Gäste am sichtbarsten bestaunen. Besonders das Innere der Kirche, die 1714 in Grunwald/Rychnowo erbaut wurde, die Ausmalung der Holzdecke, der aus dunklem Holz geschnitzte Altar und das Kirchenschiff selbst hinterlassen bei uns Besuchern größte Hochachtung vor dem handwerklichen Können vorangegangener Generationen und auch vor denen, die die Gebäude restauriert und hierher versetzt haben.

Jahrhunderte alte Bienenstöcke in skurrilen Formen stehen im Garten eines wunderschönen alten Fachwerkhauses. Das leuchtende Blau der Tür- und Fensterrahmen könnte man auf einem Foto im Buch leider nicht sehen.
Vorbei an einem Bauerngarten, einer im Original wieder errichteten Scheune aus Sensburg, die inmitten der blühenden Umgebung feste, dunkle Strukturen aufweist und einem Bauernhof mit Vorratskeller laufe ich noch schnell zu den Mühlen, die etwas abseits in den Feldern stehen.

Ich fühle mich wohl hier.

Vieles ist so, wie es auch in meiner erzgebirgischen Heimat war. Alle Gegenstände werden so gezeigt, als wären Oma und Opa nur für kurze Zeit mal zum Nachbarn gegangen. Dazu tragen auch Omas Eimer, Asch und Schöpfkelle bei, die zum Austrocknen verkehrt herum über den Gartenzaun gestülpt wurden. Gänse und Hühner laufen frei über den Wirtschaftshof.

Nach kurzer Mittagspause mit „Würstchenzeit" am Bus bringt uns der Fahrer in die Stadt HOHENSTEIN.

Die Angaben über die mögliche Einwohnerzahl schwanken zwischen 7 500 und 15 000.
„Blaue und grüne" Stadt wird Hohenstein genannt; sie ist von mehreren Seen umgeben, wird von einem Fluss durchflossen, befindet sich inmitten von Grün.

Die Ordensritter ließen bereits 1351 an dieser Stelle eine Burg errichten.
Wir nähern uns der Burganlage mit einem kurzen Spaziergang entlang eines kleinen Flüsschens mit dem Namen „Alle", queren die Fahrstraße und schauen direkt auf einen 40 Meter hohen Rundturm aus roten Backsteinen.

Die Ziegelbauten sind in Masuren und Ermland typisch; mangels Bauholz wurden Ziegelsteine aus dem vorhandenen Lehm gebrannt. Die gesamte Ordensfestung und auch die Wehrmauern bestehen aus diesem Material.

Die Ordensburg ließ im 14.Jahrhundert (1353-1360) Gunter von Hohnstein errichten.
Er war Komtur, d.h. er hatte innerhalb des Ordens einen mittleren Rang. Er nutzte die Ordensburg als Residenz. Sein Name blieb später als Name für die neue Stadt erhalten.
Prächtige Fassaden erzählen vom Können der Erbauer. Dass bereits im 14.Jahrhundert Barockbauten in Masuren mit diesem Können und dieser Ausstrahlung gebaut wurden, bestaunen und bewundern wir.

Auf unserem Weg durch die Stadt begegnen wir auf der Brücke Nikolaus Kopernikus. Das Denkmal erinnert an einen der bedeutendsten Gelehrten seiner Zeit. Er weilte mehrfach über einen längeren Zeitraum hier.
Der Jakobsweg führt an ihm vorbei, bringt ihm neue Besucher aus Nah und Fern. Sie bleiben stehen und entsprechend dem touristischen Brauch lässt man sich mit dem Gelehrten fotografieren, setzt sich sogar auf seinen Schoß.

Nach nur einem kurzen Weg stehen wir auf dem Marktplatz, dessen Häuser 1945 völlig abgebrannt waren. Beim Wiederaufbau orientierten sich die verantwortlichen Architekten an Hundertwasser und Gaudi und schufen sehenswerte Fassaden. Nicht ein Giebel sieht so aus wie der andere.
Am beeindruckendsten finde ich das alte Stadttor, das noch heute Teil der Stadtmauer ist.

Am Nachmittag, nach der Freizeit, steht unser Bus
zur Weiterfahrt bereit.
„Marengo" heißt das Ziel. Es ist ein Ausflugslokal,
wo uns polnische und ukrainische Folklore erlebbar
gemacht werden.
Studenten aus der Umgebung singen und tanzen für
uns.

Wir speisen traditionell saure Mehlsuppe, gefüllte
Teigtaschen und Bigos, dazu saure Gurken und
Weißbrot mit Fett.
Ein Rundgang entlang der Pferdeboxen und eine
Kutschfahrt machen viel Freude.

Mit einer der Kutschen durfte auch ich fahren.
Durch Wälder, am Ufer von Seen, über Feldwege zo-
gen die Pferde ihre Wagen. Wir Touristen erfreuten
uns an der frühabendlichen Stimmung. Storchennes-
ter sahen wir - alle waren leer.
Deshalb diskutierten wir wohl über die große Zahl
der gelben Teichrosen. Sie blühen gerade. Es ent-
brannte ein nicht ernstgemeinter „Mummelstreit",
nämlich die Frage, ob mit den beiden Begriffen
(Seerose und Mummel) die gleiche Wasserpflanze
gemeint ist.

„Ein gelungener Abend", fanden die Gäste bei der
Rückkehr zum Hotel.

Auf dem Weg zum Hotel fuhr vor uns ein polnischer
Linienbus. Am Heck war das Ziel des nächsten Tages

abgebildet: ein Schiff, das scheinbar über einen Berg fahren kann.

Der Fahrer unseres Reisebusses kennt die Region, ist kommunikativ und hilfsbereit...
Und er ist stolz darauf, dass er für einen neuen Firmenbus verantwortlich ist.
Wo auch immer unser Bus heute stand, nutzte der Fahrer die Zeit, um den Bus zu putzen. Die Gäste scherzten: „Er liebt ihn, den neuen Bus."
Am Anfang nahmen sie es leicht, wenn er in jeder freien Minute mit einem Tuch wischte.
Als ich in der Küche Kaffee ausschenkte, säuberte er vorsorglich die herausklappbare Fläche nach fast jedem Kaffeebecher, auch wenn alles sauber war.

„Zeig mir mal, wie Du die Küche schließt." Er hatte scheinbar einen Kratzer entdeckt. Sichtlich fürchtete er, dass ich mit der Küche nicht sorgfältig umging. Ich zeigte ihm also, wie ich die Küche öffnete und schloss. Es war wohl alles richtig, und später stellte er fest, dass der befürchtete Kratzer nur Schmutz gewesen sei.

Bei diesem neuen Bus ist die Bewegungsmöglichkeit der jeweiligen Person in der „Küche" besonders eingeengt.
Bei der Ausgabe der Würstchen/Suppen stand der Fahrer neben mir. Er kontrollierte den nicht vorhandenen Abstand zwischen der Toilettentür und mei-

nem Hinterteil. Ich trug Jeans mit kleinen Strasssteinen auf der Hosentasche. Schließlich monierte er: „Mit Deinen Jeans zerkratzt Du mir den Bus."
Erst habe ich gelacht, nahm es nicht so ernst. Dann hat der Fahrer seinen Sorgen noch einmal Nachdruck verliehen.
Daraufhin bin ich ausgestiegen, er gab das Essen ab jetzt selbst aus. Er ist dicker als ich, hat jedoch keine Strasssteine an der Hose.

Auch an diesem Nachmittag, als wir nach der Freizeit in der Stadt zum Bus zurückkamen, war die Kaffeemaschine geputzt. Es gab zwar für die Gäste keinen Kaffee, aber die Kaffeemaschine war blitzsauber.
Die Gäste reagierten erst einmal wie ich, sie lachten. Aber hinter seinem Rücken begannen sie zu tuscheln.
Ich werde es nicht zu Spannungen kommen lassen, sondern am nächsten Tag eine andere Hose anziehen oder einen Pullover über die bestickte Hosentasche ziehen.

Morgen werden wir zum OBERLANDKANAL fahren und mit dem Schiff „vier Rollberge" weit.
Unsere Erwartungen sind groß.

Auf dem Schiff können zirka 50 Personen Platz nehmen. Dann ist es aber wirklich voll besetzt, sowohl im vorderen Unterdeck als auch im Oberdeck.
Der Augenblick des Platznehmens ist ein besonderer Moment.

Ist es warm, drängen alle Gäste aufs offene Deck; ist es regnerisch, dann wollen sich möglichst viele vor dem Regen schützen. Normal also.
Ich habe bei den Kanalfahrten verschiedene Wetter erlebt. Und ganz gleich, wie das Wetter während des Ausflugs war, die Fahrt wurde jeweils ein Erfolg

Die Landschaft, vom Schiff aus betrachtet, ist beeindruckend. Ich kann nicht erkennen, ob das Wasser unter mir ein Kanal oder ein langgestreckter See ist. Aber das ist auch nicht entscheidend.
Abgeerntete Felder, Wiesen, Büsche, Wälder...
Grün in allen Schattierungen.
Viele reife Holunderbüsche!
An einigen Stellen wurden am Ufer des Kanals Verbauungen (Faschinen) angebracht: dünne Stämme werden in den Boden gerammt und dazwischen Reisig verbracht, damit die Böschung nicht in den Kanal rutscht.

Der Kanal führt über 100 Kilometer von Osterode nach Elbing. Wir sind irgendwo dazwischen eingestiegen.
Für Urlauber wurde dieser Kanal ehemals nicht gebaut; sein Bau war Mitte des 19.Jahrhunderts eine wirtschaftliche Notwendigkeit. Holz und Getreide sollten in verstärktem Maße verschifft werden.
Unter Leitung des Ingenieurs G. J. Steenke wurde 1844 mit dem Bau begonnen.
Nach nur 16 Jahren Bauzeit konnte bereits der erste Streckenabschnitt genutzt werden.

Die Überwindung des Höhenunterschieds innerhalb des Geländes war die schwierigste Aufgabe.
Für uns Besucher sind aus diesem Grunde die „geneigten Ebenen" auch das Interessanteste.
Wir fiebern den Grasbergen entgegen, die sich unserem scheinbar Schiff entgegen stellen.
Jeder versucht, das beeindruckendste Foto zu schießen.
Auch ich überquere erstmals mit einem Schiff einen Berg aus Erde und Gras.
Dabei fährt des Schiff im Wasser auf einer speziell dafür gefertigten Plattform. Dieser "Schlitten" wird danach mit Seilwinden aus dem Wasser gezogen. Da sich die untere Plattform auf Rädern fortbewegt, kann sie mit Hilfe von Seilen auf Schienen nach oben gezogen werden.

Die erste Ebene bei Buchwalde, so nennt man den Grasberg, ist mit 550 Metern die längste und das Schiff überwindet einen Höhenunterschied von reichlich 21 Metern.

Die großen Seiltrommeln sieht man schon von weitem.
Die Nutzung von Wasserkraft ermöglicht den gesamten Vorgang. Wasserräder bewegen die Förderwagen mit den Schiffen.
Die höchste Erhebung, die wir abwärts fahren, beträgt 24 Meter.
Die Bewegungen der Schiffe erfolgen immer in beiden Richtungen. Es gibt also Gegenverkehr im Kanal.
Das ist besonders spannend.

An uns wurde nicht nur ein Schiff, sondern auch eine leere Plattform vorbeigezogen.

Eine größere Gruppe Wasserjets und einige Paddelboote begegneten uns ebenfalls. Sie müssen auf demselben Weg die geneigte Ebene passieren wie unser etwas größeres Schiff.

Bedeutung für die Wirtschaft hat der Kanal im Verlauf des 20. und 21.Jahrhunderts verloren; zugenommen hat aber seine touristische. Er zählt zu den wichtigsten Attraktionen in Ostpreußen.

Die Gäste verhalten sich unterschiedlich.

Während die einen die geniale Konstruktion der Schleusen und Rollberge bestaunen, gibt es auch einzelne Urlauber in meiner Gruppe, die jeden Sonnenmoment ausnutzen wollen.

Eine solche Sonnenanbeterin musste ich dem Arzt zuführen. Sie war einfach von ihrem Platz in greller Sonne auf den Boden gefallen und kurzzeitig ohnmächtig.

Der Kontakt mit dem Rettungswagen klappte perfekt. An der nächsten Brücke über dem Kanal legte das Schiff an. Hier warteten wir auf den Arzt und seine Diagnose.

Der verantwortliche Mediziner entschied sich für einen Transport ins Krankenhaus nach Elbing.

Dort durften wir sie am Abend wieder abholen.

ELBING war schon vor dem Bau des Kanals eine bedeutende Hansestadt gewesen.

Der Deutsche Ritterorden herrschte über das Stadtgebiet bis Mitte des 15. Jahrhunderts.

Nur so erklären sich der beeindruckende Bau der Nikolauskirche und das Markt-Tor, das Teil der städtischen Befestigungsanlage im Mittelalter war.

Der Turm der Backsteinkirche ist weithin sichtbar.

Auf dem Weg nach Stare Jablonki, wir fahren die Nationalstraße Nummer 7, sehen wir noch lange das rote Bauwerk.

Ich freue mich auf den nächsten Tag, unseren Besuch in MARIENBURG/ MALBORK.
Es wird ein anstrengender Besuch werden, aber die Gäste sind, wie man so sagt, "gut drauf".

Die örtliche Reiseleiterin hat dem Fahrer eine Tube schwarze Schuhcreme mitgebracht, damit er die Spuren an den Reifen beseitigen konnte, die sein Vorgänger verursacht habe.
„Hast Du schon gehört"...
„Hast Du gesehen"...
Mit diesen Worten beginnt schon am Morgen die Unterhaltung der Gäste. Sie sprechen über den Fahrer und seinen Zwang, den Bus zu putzen.

Während uns der Bus Richtung Marienburg brachte, dachte ich darüber nach, weshalb gerade hier, in den flachen Ebenen, eine so mächtige Burg entstand.
Hier befand sich das Siedlungsgebiet des Volksstammes der Pruzzen, der im 12. Jahrhundert noch nicht christianisiert war.
Der polnische Fürst rief die Ordensritter zu Hilfe. Sie kamen, brachten das Christentum und raubten den Pruzzen ihr Eigentum.
Um den Besitz und die politische Macht des Ordens zu schützen, wurde am Ende des 13.Jahrhunderts der Bau der größten Backsteinburg des Mittelalters begonnen.
Das Ende der Bauzeit wird auf Anfang des 14.Jahrhunderts datiert.

Die Burg war Sitz des Hochmeisters des Deutschritterordens, oberste Verwaltung des Ordensstaates, Festung, Kaserne, Kriegsmagazin...
Mitte des 15.Jahrhunderts wurde sie von den Kreuzrittern aufgegeben.
Wenn ich es verallgemeinere, dann entstand die Burg, um Menschen den christlichen Glauben „zu bringen", und sie hatte die Aufgabe, die politische Macht der Kirche zu erhalten.

Zur Führung durch die Burg wurde meine Reisegruppe in zwei Teile geteilt. Einer Gruppe schließe ich mich an, vor allem, um die Fotografen „anzutreiben" und mit ihnen wieder zur Gruppe aufzuschließen.
Die Lust auf Fotos lauert an jeder Ecke, in jedem Raum, jedem Gang.
Und am Ende wird diese Lust mir doch noch zum Verhängnis.

Nachdem ich zum wiederholten Male auf zwei „Fotografen" gewartet habe, verloren wir den Anschluss an die Gruppe und mussten allein den Rundgang beenden.

Aber nun der Reihe nach:
Den Rundgang begann ich mit dem Wissen, dass Burg und Stadt am Ende des Krieges weitgehend zerstört waren.
Die Zugbrücke war einst der Eingang für die Ordensritter und jetzt passieren Besucherströme den Zugang.

Im Innenhof der Hochburg wird die Vielzahl der Gebäude sichtbar, die, miteinander verbunden, um den
freien Platz und ein Brunnenhaus gruppiert sind.
Jahrhundertelang wurde die Festung baulich verändert; belagert, zerstört, erweitert und wieder teilweise zerstört und, mit Umbauten versehen, wieder
errichtet.
Der gegenwärtige Aufbau, der 1945 begann, dauert
noch immer an.

Wir betreten eine gotische Burg.
Unser Rundgang führt uns treppauf und treppab.
Dann stehe ich im Remper und bin von dem Kreuz-
rippengewölbe an der Decke, die von hohen, schlanken Strebepfeilern gehalten wird, angetan. Nein,
nicht nur angetan, sondern begeistert.

Der Remper war Versammlungs- und Speisesaal. Er
ist nicht mehr möbliert und wirkt dadurch flächen-
mäßig größer. 30 Meter in der Länge und 15 Meter
in der Breite.
Durch die Konstruktion der Spitzbögen und die Ein-
beziehung der Fenster wird der Eindruck des Hohen, des nach oben Strebenden, unterstützt.

In der Mitte des Raumes befinden sich auf dem Fußboden kreisrunde Öffnungen, die mit Deckeln versehen sind. Aus den unteren Räumen wurde durch
diese Öffnungen warme Luft nach oben transportiert. Eine Heizung.
Die Deckel klappern. Viele Gäste, vor allem Kinder,
müssen probieren, wie das damals funktionierte.

Die Deckel klappern. Viele Gäste, vor allem Kinder, müssen unbedingt probieren, wie das damals funktionierte.

Selbst die Korridore zwischen den einzelnen Sälen und die Räume des Schatzmeisters sind sehenswert. Die Touristen bestätigen das, indem sie immer wieder staunend und positiv kommentierend stehen bleiben.

Und dann entdecke ich sie: Sehenswerte kleine Figuren als Wandschmuck! Ich bezweifle, ob meine

Gäste die Köpfe von Engelchen, Teufel u.a. gesehen haben.
Ich wäre auch vorbeigegangen, wenn nicht ein älterer Herr gerade hier eine Vielzahl Fotos gemacht hätte.

Nach zwei Stunden Burgrundgang ist eine allgemeine Abgespanntheit zu spüren, obwohl wir sicherlich nur einen Teil dieser einzigartigen Burganlage gesehen haben.

Den Nachmittag verbringen wir in OSTERODE, einer Stadt, die in der Urlausbranche auch „Perle Ostpreußens" genannt wird. Ich hatte von ihr nur im Zusammenhang mit dem Kanal gehört, der von hier nach Elblag führt.
Der Fahrer parkte in der Nähe des Drewenz-Sees.
Das Auffälligste dort ist ein Wasserskilift und die "Eroberung" der Wasseroberfläche durch eine Vielzahl augenblicklich blühender gelber Teichrosen.
Ein großer grün-gelber Teppich aus Pflanzen!

Der Spazierweg entlang des Sees und durch eine kleine Parkanlage führt zur Ordensburg des Deutschen Ordens, die im 14.Jahrhundert gebaut wurde.
Ein roter Ziegelbau auch hier; groß, vierflügelig, von außen schnörkellos, so steht die im gotischen Stil erbaute Burg inmitten alter Bäume.
Diese Ordensburg ließ ebenfalls der Komtur von Hohenstein bauen; sie war Sitz der Komturei der Kreuzritter.

Aufmerksam folgten wir der Information, dass im zeitigen Frühjahr 1807 Kaiser Napoleon Bonaparte längere Zeit hier weilte - im Liebesglück mit Maria Walewska.

Eine Kanone steht im Innenhof vor der Gedenktafel und eine symbolisch vor dem Burgtor.

Am Ende des 18.Jahrhunderts kam es zu einem Stadtbrand, der auch den Ostflügel der Burg traf.
Noch einmal, am Ende des 2.Weltkrieges, wurde die Anlage zerstört.
Der erneute Wiederaufbau wurde 1974 begonnen.
Schrittweise wird der Bau in ein Museum umgewandelt.
Verschiedene Aktivitäten, wie beispielsweise Ritterspiele, werden gepflegt.

Von dem restlichen Bummel durch die Stadt ist mir nichts Besonderes im Gedächtnis geblieben.

Während des Rundganges erreicht mich eine Information des Hotels: mein Hotelzimmer müsse geräumt werden, eine Reparatur der Wasserleitung sei notwendig.
Ich nehme es gelassen auf. Mir ist schon lieber, wenn es mich betrifft. Meinen kleinen Koffer habe ich schnell gepackt und die Zimmer im Hotel sind ohnehin alle größer als mein augenblickliches.

Es wird trotz des Umzugs ein ruhiger Abend werden.

Am 5.Tag unserer Reise fahren wir noch einmal eine etwas längere Strecke in den Nordosten des Landes, nahe der Grenze zu Russland.

NIKOLAIKEN, die „Perle der Masuren", ist eine kleine Gemeinde, die früher vom Fischfang lebte und jetzt vom Tourismus. Die Hauptattraktion ist seine geografische Lage am See.
Als wir am Vormittag an der Promenade entlang liefen, gab es außer uns keine Bustouristen. Ich glaube sogar sagen zu können, dass sich an diesem Tag kaum ein Tourist hierher verirrt hatte.
Die Schiffe, die ansonsten auf dem Wasser kreuzten, dümpelten im Hafen.

Gerade als wir zum Bus zurückkehrten, war mir etwas Peinliches passiert. Aus dem vorderen Kühlschrank wollte ich eine Wasserflasche und ein Bier entnehmen, um es einem Gast nach draußen zu reichen. In diesem Augenblick kam der Fahrer, um mir einen vermeintlichen Fleck zu zeigen und mir rutschte die Flasche aus der Hand. Sie zerschellte auf der Straße. Ich war so wütend, auf mich, auf den Fahrer...

Unser Ausflug führte uns weiter nach KRUTTINNEN.

Die Fahrt dahin dauert etwa eine halbe Stunde. Wieder einmal genieße ich die Fahrt durch den „unendlich" scheinenden Wald. Die polnische Reiseleiterin erzählt, dass die Johannisburger Heide das größte zusammenhängende Waldgebiet sei und über 1 000 Quadratkilometer umfasst. Noch einmal - über eintausend Quadratkilometer!

Dichter Wald wächst bis unmittelbar an die Straße, hauptsächlich sind es Laubbäume, aber auch Kiefern und Fichten. Ein gesunder Wald, nicht braun und vertrocknet wie bei uns.

Krutyn (Kruttinnen) ist ein kleiner Ort, dessen Bevölkerung durch seine lange Tradition des Stakenboot Fahrens auf dem Fluss Krutyna bekannt wurde. Auf dem Dorfplatz steigen wir aus, laufen zuerst zu den Booten, die samt „Staker" für uns bereit standen.
Vergleichbar ist dieses Erlebnis für uns mit den Boots- und Paddeltouren im Spreewald.
Die Boote hier sind flacher, haben Platz für 15 Personen. Die Holzbänke haben keine Lehnen, die Staken sind einfache dünne Holzstämme und die Staker tragen keine traditionelle Kleidung. Es ist alles etwas bescheidener.
Auch das Flüsschen ist flacher, aber breiter, und das Wasser ist klarer. Ich kann am Boden Muscheln und Kiesel, Schlingpflanzen, Seegras und verrottende Baumstämme sehen.
Zuerst riefen sich die Gäste von Boot zu Boot Grüße und Witzeleien zu, allmählich wird es ruhig. Die Natur hält uns gefangen. Wir sind beeindruckt von dieser urwüchsigen Landschaft.

Nur einmal kamen uns zwei Boote entgegen.
Heute ist es besonders still. Es fehlen die vielen Kajakfahrer, die sonst den Fluss auf- und abwärts fahren. In vielen Sprachen werden Wünsche ausgetauscht.

Die Kruttinna ist ein ruhiges Gewässer, man kann sich richtig fallen lassen, nichts stört die Ruhe. Den Weg flankieren hauptsächlich Erlen; die Büsche am Ufer, die dicken Bäume, deren Wurzeln den Kampf mit dem Wetter verloren haben und die nun über dem Fluss "Brücken" bauen, das alles nehmen wir auf. Eine Schwanenfamilie zieht ihre Bahn, viele Entenfamilien...
Hier kann man Erholung finden.
Leider ist eine Stunde auch viel zu schnell vorbei.

Mittagessen. Nur ein einziges Mal, heute, bietet die polnische Reiseleiterin an, ein Mittagessen zu organisieren. Wir haben die Auswahl zwischen drei Speisen. Fisch/Zander ist die am häufigsten gewählte Hauptspeise. Keiner wurde enttäuscht.
Auf dem kleinen Hauptplatz des Dorfes stand danach schon der Bus, um uns weiter nach HEILIGELINDE zu bringen.

Im Ort Heiligelinde wohnen nicht einmal 200 Einwohner. Seine Bekanntheit ergibt sich ganz allein aus der Bedeutung der Wallfahrtskirche.

Das Gebäudeensemble, aus Kirche, Kreuzgang und Kloster bestehend, befindet sich vor uns in einem flachen Tal.

10 000 Erlenstämme, so las ich, wurden in den sumpfigen Boden geschlagen, um einen stabilen Baugrund zu haben.

Mir fällt auf, dass die Kirche seit meinem letzten Besuch einen neuen Anstrich, eine neue Farbe, erhielt. Sobald als möglich habe ich nachgeschlagen, um mich zu vergewissern. Tatsächlich, von hellem Gelb und altrosa bis zu einem dunkleren Ton jetzt, 2021, wurden die Farben ein wenig verändert.
Nur die Säulen sind immer weiß und bilden einen Kontrast zum jeweiligen Farbton der Wände.

Jesuiten bauten Ende des 17. Jahrhunderts (1687-1694) die Anlage im barocken Stil. In nur sieben Jahren!

Vor rund 350 Jahren wurden nur sieben Jahre gebraucht? Unvorstellbar!

Die Jesuiten waren phantastische Planer und Bauherren.

Unmittelbar hinter dem Haupttor bleibt die Reiseleiterin stehen, um Einzelheiten zu erläutern. Ich war abgelenkt. Mein Interesse galt in diesen Augenblicken nur einer schmiedeeisernen Tür. Als ich sie fotografierte, wusste ich noch nicht, dass diese Kunstwerke im gesamten Areal von so hoher künstlerischer Bedeutung sind.

Das Eingangstor hatte mich ohne jegliche Erklärung angesprochen.

Drinnen, in der Kirche selbst, war ich von den Schmuckelementen des Barock geradezu überwältigt. Ich konzentrierte mich auf die Orgel, ebenfalls barock, die in wenigen Minuten gespielt werden sollte. Keine Tonaufnahmen, sondern ein Organist, echtes Spiel.

Das kurze Konzert gehört für mich zu den Höhepunkten der gesamten Reise.

Ich hatte meine Gäste darauf vorbereitet, dass während des Orgelspiels Mönche Geld zum Erhalt der Orgel und des gesamten Gotteshauses sammeln würden. Die katholische Kirche in Polen pflegt diese Art der Unterstützung.

Unser touristisches Tagesprogramm war mit dem
Besuch in Heiligenlinde noch nicht abgeschlossen.
Am späten Nachmittag fuhren wir nach
RASTENBURG.
Landschaftlich wirkt diese Ecke im Nordosten unse-
res Nachbarlandes aufgrund der weiten und dichten
Wälder beruhigend. Hier hatte Hitler sein Haupt-
quartier im Osten bauen lassen. Ich gehöre zu den
Reisenden, die Hitlers „Wolfsschanze" nicht zum
wiederholten Male sehen möchten und bleibe drau-
ßen. Ich notiere diesen Besuch nur der Vollständig-
keit halber.

Nur noch ein Urlaubstag.
Ausflug nach DANZIG.

Im Teil 5 meiner Reisetagebücher habe ich ausführ-
licher über meine Erlebnisse in Danzig geschrieben.
Ich hoffe, dass ich meine Begeisterung für die Stadt
darin zum Ausdruck bringen kann.
Diesmal wollte ich nur bekannte Plätze aufsuchen,
eben genießen, vielleicht noch einmal von oben auf
die Stadt sehen.

Aber es kam anders: Der Wind trug dunkle Wolken
über das Land. Je näher wir der Stadt kamen, desto
mehr verfinsterte sich der Himmel. Und als wir ausstiegen, begann es zu regnen. Unbeirrt von äußeren
Widrigkeiten begannen wir mit dem Stadtspaziergang.
Gleich hinter dem „Grünen Tor", dem Eingang zur
Altstadt, wurde aus dem anfänglichen Landregen ein

Starkregen und binnen weniger Minuten waren wir alle mehr oder weniger durchnässt. Ich fühlte den Regen schon auf meiner Haut und in meinen Schuhen. Obwohl es genügend Möglichkeiten gab, sich unterzustellen, lief unsere Stadtführerin unbeirrt weiter.

Erst in der Marienkirche verweilten wir.

Ein Jahr zuvor hatte ich notiert, dass ein Ende der Bauarbeiten nicht abzusehen sei. Und nun stand ich in der fast fertig renovierten Kirche.

So geht „polnisches Restaurieren"!

Als wir die Kirche verließen, hatte der Regen etwas nachgelassen. Ich fror und suchte mit Blicken rechts und links des Langen Marktes einen Laden, in dem ich mir wenigstens etwas Trockenes zum Anziehen kaufen könnte. Aber hier reihten sich nur Gaststätten und Cafés aneinander.

Nach Beendigung des Rundganges stürzte ich deshalb sofort los, um im Warenhaus fündig zu werden.

Danach erst konnte ich mich wieder auf die Stadt konzentrieren.

Morgen werden wir nach Hause fahren. Zufrieden lehne ich mich auf meinem Sitzplatz zurück. Meine polnische Kollegin erinnere noch einmal an die Auflagen, die sich aus der Corona-Epidemie für uns Reisende ergaben. Sie verwies darauf, dass es an der Landesgrenze Kontrollen gebe.

Mit Bestürzung musste ich zur Kenntnis nehmen, dass gleich fünf Personen sich und andere nicht geschützt hatten. Sie hatten bei der Befragung am Beginn der Reise mich und meine Kollegen angelogen. Bei späteren Reisen mussten wir Reiseleiter uns von allen Mitreisenden die Unterlagen zeigen lassen, und wer diese nicht vorweisen konnte, durfte die Reise nicht antreten.

Für unsere Heimreise mussten wir besondere Vorkehrungen zu treffen: Die Abfahrtszeit wurde für alle verschoben, die betreffenden Gäste benötigten Taxen, sie mussten nach Osterode in die Klinik fahren, um sich testen zu lassen. Wir werden mit dem Bus etwas später dorthin fahren und gegebenenfalls auf sie warten.
Ich war sehr verärgert, weil auch die Ankunft in der Heimat verspätet erfolgen wird.

3. UNGARN – Budapest, Balaton und Donauknie

Während der Corona-Zeit erhielt ich mehrfach Aufträge, Reisegruppen nach Ungarn zu begleiten. Die Reisen wurden geplant und mussten dann immer wieder abgesagt werden.
Gut, dass die Erinnerungen an vergangene Reisen noch sehr deutlich waren.

Morgens, 8.00 Uhr, erfolgt der Start in der Landeshauptstadt Sachsen. Gleich, welche Strecke wir fahren, es sind mehr als 800 Kilometer zu bewältigen; unsere Ankunftszeit war nie vor 18.00 Uhr am Balaton oder in Budapest.
Der ADAC empfiehlt bei Anfragen die Route Dresden-Prag-Brno-Bratislava-Györ, aber manche Fahrer fahren lieber über Wien, um das Chaos und die Wartezeiten an der slowakisch-ungarischen Grenze zu umgehen. Für die Gäste ist das nicht entscheidend, sie sind voller Vorfreude auf das zu Sehende.

Der Ort der Übernachtung ist von den jeweiligen Reiseprogrammen abhängig.
Am Balaton war ich bisher mit den Gästen immer im Hotel „Annabella" in BALATONFÜRED. Unmittelbar am Strand stehend, ist es das erste größere Hotel bei unserer Anfahrt.
Noch bevor die Reisegruppe den Bus verlassen darf, steigt die örtliche Reiseleiterin ein. Schnell erklärt sie alles Notwendige für den Abend und den Verlauf des

folgenden Tages. Es werden Zeiten bekanntgegeben, Geld getauscht, und es wird über die Abläufe im Hotel informiert, individuelle Fragen gestellt, Koffer und Taschen geschleppt... Es ist das normale abendliche Geschehen bei einer Anreise.

Ich weiß, meine Gäste sind abgespannt und erfassen nur noch die Hälfte, deshalb werde ich eine halbe Stunde später, wenn die Gäste zum Abendessen kommen, viele der Fragen noch einmal beantworten müssen.

Das Ausflugsprogramm beginnen wir am Morgen des folgenden Tages mit einem Spaziergang entlang des „Ungarischen Meeres" in unserem Urlaubsort.

Begeistert stimmen die Gäste dem Vorschlag der Reiseleiterin zu, mit einem Boot auf den Balaton hinaus zu fahren: den Ort, unser Hotel und die Halbinsel TIHANY von dort aus zu schauen. Wir können uns später durch den Ausflug auf dem Wasser besser orientieren.

Die gegenüberliegende Uferseite ist nur zwölf Kilometer entfernt, der See ist also schmal und lang (80 Kilometer), und die Halbinsel Tihany ragt etwa fünf Kilometer in den See hinein. Von weitem schon ist das Erkennungsmerkmal der Halbinsel zu sehen, die zwei weißen Türme der Abtei mit den dunkelblauen Zwiebeltürmen und den hohen Kreuzen.

Wir fahren in den historischen Ort, bummeln hinauf zur Abtei mit dem dazu gehörenden Kloster. Seit Jahrhunderten erhebt sich die Bastei über den Balaton, Macht und Reichtum der Kirche verkörpernd.

Die Halbinsel gehört zu den bekanntesten Orten am Balaton.

Jetzt, Ende September, sind nur noch wenige Touristen unterwegs. Nur drei Busse stehen auf dem Parkplatz.

Fast jedes Haus hat einen kleinen Laden oder zumindest vor dem Haus eine Verkaufsfläche.

Wir laufen durch einen Ort, der sichtlich vom Tourismus lebt: Paprika und Lavendel... Lavendel und Paprika.

Kostbare Leinenblusen, mit Perlgarn in kräftigen Farben bestickt, hängen auf Bügeln und locken im Schaufenster. Gestickte Decken und Deckchen liegen in den Regalen, weiter Holzwaren, Lederwaren, Seife, Honig...

Ein Kaufparadies!

Die Touristen suchen nach Souvenirs, bestaunen die handwerklichen Arbeiten, kaufen...

Die kleinen Häuschen des Ortes finden kaum Beachtung, weil die Fülle des Angebots und die Dekoration den Blick auf sich ziehen. Ich bin beeindruckt. Ich bleibe vor einem kleinen Gärtchen stehen, bewundere eine geschnitzte Holztür, eine besonders dekorierte Fensterbank...

Ich habe noch ein wenig Zeit und gehe noch einmal den Weg zurück zum Vorplatz der Kirche, wo ich nun den zauberhaften Ausblick auf den Balaton und die Weinberge genieße.

Wieder im Bus zurück, macht die Reiseleiterin den Vorschlag, den Ausflug mit einer kurzen Fahrt im Touristenzug durch unseren Urlaubsort zu beenden. Häufig ist zu wenig Zeit, um durch den gesamten Ort zu laufen. Mir gefällt der Vorschlag. Wer will, steigt in den kleinen Zug und fährt mit.

Am Ende bin ich enttäuscht. Ist der Balaton nur im Hochsommer belebt? Es ist nichts, aber auch gar nichts los an diesem späten Nachmittag. Ich entdecke die eine oder andere Stelle, die ich als Ziel eines Abendspazierganges gedanklich festhalte.

Herrlichster Sonnenschein erwartete uns am nächsten Tag, dem Tag des Weinlesefestes. Zunächst hatten die Gäste Vorbehalte, als sie erfuhren, dass die Trauben von ihnen selbst geerntet werden sollen. Die verschiedensten Argumente wurden aufgeführt: kein ordentliches Schuhwerk, zu heiß, keine schwere Arbeit möglich... Aber wie schon aufgeführt: das Wetter war wunderschön, und wir fuhren am späten Vormittag zunächst in eine typisch ungarische Gaststätte, eine Czarda.

Mit landestypischer Musik wurden wir empfangen. Das Essen war deftig. Aufgelockert durch Wein und Folkloretänzer stieg die Stimmung, und die Gäste waren nun bereit, den Wein zu lesen, also zu „arbeiten". Jeder Gast erhielt einen Bottich oder kleinen Eimer und ein Messer. Die Trauben standen zu ebener Erde, es war kein Kraxeln notwendig. Und was am Morgen noch fast unmöglich schien, wurde real. Die Gäste hatten Freude bei der Weinernte.

Die geernteten Trauben wurden anschließend von uns selbst gepresst. Kaum zu glauben, wie viele Männer und auch Frauen die Weinpresse drehen wollten! Wer mochte, konnte sogar von dem frischen Saft kosten.

Währenddessen saßen wir auf einfachen Bänken, wurden mit Wein und deftigen Broten im Übermaß versorgt und waren zu lustigen Gesellschaftsspielen bereit.

Am Ende des Ausflugs war ich davon überzeugt, dass es allen Gästen Spaß gemacht hat, auch denen, die am Morgen skeptisch und unentschlossen waren.

Das war 2019.

Ein Jahr später, 2020, begleitete ich erneut eine Reisegruppe, jedoch mit einem anderen Programm. Diesmal sollte der Fokus nicht dem Balaton gelten, sondern dem Besuch der Städte ESZTERGOM und SZENTENDRE. Der Ausflug ging zum sogenannten „Donauknie".

Wir übernachteten in der Hauptstadt.

Nach meiner Kenntnis waren die Tagesausflüge bisher mit einem ungarischen Reiseleiter gefahren worden. Zum ersten Mal war es anders.

"Noch niemals bin ich dort gewesen", dachte ich. Natürlich bereitete ich mich vor, aber ich war dennoch unsicher.

Während der Vorbereitung auf diesen Tagesausflug erinnerte ich mich, dass ich doch schon einmal am „Donauknie" war.

Ein Jahrzehnt war das etwa her, und ich erlebte Landschaft und Fluss als Teil einer Donaukreuzfahrt. Vom Wasser aus bestaunte ich damals die Felsen und auf ihnen die mächtige Basilika.

Damals...
Damals brachte uns der Bus am ersten Tag der Reise zur Zwischenübernachtung nach Bayern und am Morgen des folgenden Tages lernten wir PASSAU kennen.
Sorgfältig gepflegte Häuschen, schmale Straßen zwischen schmucken Häuserzeilen, Kopfsteinpflaster, kleine Läden und Grün in allen Facetten, so nahm ich die bewohnte Altstadt Passaus wahr.
Während unseres Spazierganges besuchen wir u.a. die Rathaussäle, die den Reichtum der Stadt und jahrhundertealte Traditionen widerspiegeln.
So lange als möglich stehe ich unter dem Deckengemälde des Sitzungssaales und schaue hinauf. Der Künstler hat die „Drei Flüsse-Stadt" dargestellt.
Zwei Damen, die üppige Schöne, die Donau, und die kleinere, zarte Ilz, die er mit Flussperlen schmückte, befinden sich im Bild neben dem kräftigen, wilden Inn. Dieser hält einen entwurzelten, starken Baum scheinbar mühelos in seinen Armen. Sein muskulöser Körper, sein wilder Gesichtsausdruck, der zerzauste Bart und die vom Kopf abstehenden Haare verkörpern die Kraft des Gebirgsflusses.
Kaum jemals hat mich ein Gemälde persönlich so berührt.

Die Fahrt auf dem zweitlängsten Fluss Europas (2 883 km) mit einem von 70 Flussfahrtschiffen begann in Passau.
Während des Abendessens passieren wir Linz. Das Schiff fährt auch nachts, so dass wir zum Frühstück schon in Wien sind.

Mehrfach war ich schon in WIEN.
Ich war im Prater, im Stephansdom, in den Einkaufsmeilen und habe Silvester in der 11,6 Millionenmetropole gefeiert.
Ich war zum Kaffee-Seminar und mir wurde beurkundet, dass ich an einem Wiener Tanzkurs teilgenommen habe. Unterwegs war ich mit dem Reisebus, der Metro, der Straßenbahn und am allerliebsten zu Fuß. Fasziniert hat mich vieles.
Im Schloss Schönbrunn war es der Blick zwischen Schloss und Gloriette, der Ausblick vom Leopold-Berg auf die abendliche Stadt oder das weihnachtlich geschmückte Rathaus mit den großen, bunten Geschenkkartons an den Bäumen.
Mich beeindruckten auch alle von Friedensreich Hundertwasser (gestorben 2000) konzipierten Gebäude und der Flohmarkt an der Kettenbrücke.

Nach den Tagen in Wien erfolgte die Weiterfahrt mit dem Schiff Richtung Budapest.
Meine „Annäherung" an Ungarn begann folglich mit einer Schifffahrt auf der Donau.

Es vergingen fast zehn Jahre, bis ich den Auftrag erhielt, eine Busgruppe zum Balaton zu begleiten.

Herbst 2021.
Wir wohnten diesmal in Budapest.
Unsere ungarische Reiseleiterin, Frau Eva, kannte ich bereits. Sie hat einige Jahre in Deutschland gearbeitet und kennt neben unserer Sprache auch unsere Mentalität. Als ich ihr von meinen Sorgen wegen des Ausflugs erzählte, bot sie sofort an, mich zu begleiten.

ESZTERGOM findet man auf der Karte etwas mehr als 30 Kilometer nördlich von Budapest, am sogenannten Donauknie. Der Fluss windet sich hier fast rechtwinklig durch ein Mittelgebirge; der Flusslauf wird als Knie bezeichnet.
Der Ort selbst liegt an der Grenze zur Slowakei. Wir fahren nur kurzzeitig über die Grenze, um einen besonders schönen Ausblick auf die Basilika in Esztergom zu haben.

Der Busparkplatz ist gut ausgeschildert. Die mächtige römisch-katholische Kathedrale „Unserer Lieben Frau" steht in nächster Nähe, scheinbar über uns, als wir den Bus zum Stehen bringen. Der Weg dahin ist nicht weit, für jeden Reisegast zu erlaufen.

1820 wurde die Kirche im klassischen Stil auf dem jetzigen Burgberg erbaut.
„Wir treffen uns an der Burgmauer", fordere ich meine Gäste auf.
Jeder sollte sich der Kathedrale in seinem persönlichen Tempo nähern.

Und dann stand auch ich an der Mauer, hoch über der Donau. Der Fels fällt hier steil ab und gibt den Blick frei auf den Verlauf des Wassers, „das Knie", und die Weinberge, Wiesen und Wälder auf der anderen Seite. Die Landschaft beeindruckt!

Hinter mir wusste ich den mächtigen Bau der Basilika, die mich an den Petersdom in Rom erinnerte, vor allem die schlanken Säulen und die Domkuppel. Im Mittelpunkt der Gesamtkomposition steht die Domkuppel, einem Tempel vergleichbar, auf einem flachen Kirchendach. Ich betrachte die Vielzahl der schlanken Säulen, die ein beeindruckendes rundes Kupferdach tragen.
Rechts und links ist diese Mitte von zwei weiteren Türmen eingeschlossen, auf denen runde Säulenhallen erbaut wurden, die wiederum durch einen hohen Torbogen getrennt und mit einem Übergang verbunden sind. Auch sie tragen „grüne Kuppeln", nur kleinere.
Von der Domterrasse, auf der ich stehe, zur Spitze sind es fast 100 Meter.
Möglicherweise gefällt mir gerade die Schlichtheit des klassizistischen Baus, die auch bei der Eingangsgestaltung zu sehen ist.

Das Innere der Kuppelhalle konnte ich mir leider nicht ansehen, weil eine Dame über Kreislaufbeschwerden klagte. Ich ging mit ihr zurück zum Bus.

Bis hierher verlief alles glatt, und ich ärgerte mich schon über meine übermäßige Ängstlichkeit.

Und dann passierte es: Ein Reisender stürzte beim Queren der Straße. Wahrscheinlich übersah er den mit trockenem Laub gefüllten Absatz am Bordstein. Er musste dringlich einen Arzt aufsuchen.

Wir fuhren, da der Bus ohnehin zur Abfahrt bereit stand, mit unserem Reisebus zum Krankenhaus nach Esztergom. Dort wurde der Mann jedoch nicht aufgenommen und an ein Krankenhaus nach Budapest verwiesen.

Jetzt kam die örtliche Reiseleiterin ins Spiel. Sie hatte zunächst schon den Bus zum Krankenhaus nach Esztergom gelotst, dort mit dem Arzt in der Notaufnahme gesprochen, ein Taxi gerufen. Danach wies sie den Taxifahrer ein, der den Gast nach Budapest ins Krankenhaus bringen sollte.

Auch nach Zwischenfällen, wie diesem, geht der Ausflug weiter. Jetzt war ich doch sehr froh, eine Reiseleiterin mit Sprach- und Ortskenntnissen dabei zu haben. Als wir am Abend ins Hotel kamen, war der verletzte Gast schon aus dem Krankenhaus zurück.

2022 erhielt ich erneut einen Reiseauftrag zum Donauknie.

Wir übernachteten in Budapest und fuhren von dort in nordöstlicher Richtung durch eine kleinstädtisch-dörflich besiedelte Hügellandschaft. Erst kurz vor Esztergom entdeckten wir die Kathedrale direkt vor uns auf einem Berg. Trotz umfangreichen Baugeschehens fanden wir schnell einen Parkplatz. Freizeit!

Ich plante zweieinhalb Stunden für den Ort und die Kathedrale.
Mein erster Weg führt hinauf zur Kathedrale.

Ich war enttäuscht.
Der Haupteingang war geschlossen.
Aber ich sah, dass Handwerker über einen Nebeneingang die Kirche betraten. Wenn ich nun schon einmal da war, wollte ich diesmal auf jeden Fall hinein. Ich verwies auf meine Tätigkeit als Reiseleiterin und bat die Handwerker, mich einzulassen. Es klappte.

Gleich hinter dem Eingang, wo sich die Orgel befindet, war das eigentliche Baugeschehen.

Die Orgel steht auf einer Galerie. Augenblicklich verbindet eine Holzkonstruktion über mehrere Etagen die beiden Längsseiten miteinander. Ich sah, dass Arbeiter die Orgel abbauten.

Fasziniert vom Geschehen, setzte ich mich ins Kirchenschiff und beobachtete ihre Tätigkeit. Die Pfeifen waren ziemlich groß. Vier Arbeiter packten an und wurden von einem fünften Arbeiter dirigiert. Vorsichtig stiegen sie mit ihrer Last die Leitern hinab, und unten wurde die Pfeife auf Decken und Schaumstoff gebettet.
Sicherlich wird die Restaurierung nicht vor Ort erfolgen. Mir schien der ganze Vorgang des Bergens etwas Besonderes zu sein.

Erst als die vierte Pfeife sicher geborgen war, ging ich weiter.

Später las ich, dass die Orgel erstmals 1856 anlässlich der Einweihung der Kathedrale erklang. Franz Liszt hatte die „Esztergomer Messe" für diesen Anlass komponiert.

Normalerweise kann man vom Eingang bis zur Mitte der Kathedrale laufen und, unter der großen Kuppel stehend, hinaufschauen. Aber mein Besuch erfolgte zur Corona-Zeit. Die Sitzplätze in der Mitte der Basilika waren mit Seilen abgetrennt.

Aber außerhalb, vom Rand der Seitenschiffe aus, konnte ich auf das Hochaltarbild schauen. Es ist das größte der Welt, das auf einem einzigen Stück Leinwand entstand. In dem Torbogen erscheint es mir gar nicht so groß. Aber das Bild über mir ist 13,5x6,5 Meter!

Die Baumaßnahmen erlaubten es mir nicht, mich dort längere Zeit aufzuhalten; ich verließ die Kirche.

Ich bummelte durch die Burganlage, sah mir die Glockensammlung in einem der Innenhöfe an, aber immer wieder zog es mich zu diesem einen magischen Punkt, der Aussicht auf das Donauknie.

Aber was taten meine Gäste? Ich traf keinen, auch nicht, als ich nach über einer Stunde zum Vorplatz schlenderte. Ich vermutete, dass sie zum Essen in die Stadt gegangen waren.

Inzwischen war der Platz belebt.
Es steht sogar ein kleiner touristischer Zug abfahrbereit. Ich werde mitfahren. Die Fahrt dauert insgesamt eine Stunde, sie führt uns in die Stadt und danach auf die andere Donauseite. Das alles für 7 Euro.

Esztergom ist eine gepflegte Kleinstadt mit hauptsächlich zweistöckigen, farbigen Häusern. Dass sie einmal Hauptstadt eines Königreiches war, kann ich nur mit dem monströsen Bau auf dem Berg in Verbindung bringen.

Beim Queren der Donau bot sich uns ein beeindruckender Anblick auf den Berg mit der mächtigen Kathedrale. Diese Aussicht hatte ich schon während der Donauschifffahrt genießen können. Auch diesmal ist es ein unvergesslicher Moment.

Den Gästen und mir hat der Aufenthalt gefallen. Zugegeben, durch Corona-Bedingungen war nicht so ein touristisches „Gewusel" wie sonst, nicht alles war geöffnet, aber ein solcher Aufenthalt hat auch seine Vorteile.

Pünktlich erfolgt die Weiterfahrt nach SZENTENDRE. Die Gäste erwarten vom zweiten Teil ebensolche Eindrücke.

Zwischen den beiden Städten unseres heutigen Ausfluges befinden sich die Reste einer alten Burg.
Im Katalog steht, dass wir einen kurzen Halt an der Burg VISEGRAD einlegen sollen.

Langsam und kontrolliert fahren wir die Straße entlang, um die richtige Abfahrt nicht zu verpassen. Für den Fluss, die Donau, zu unserer linken Seite, haben wir keinen Blick. Alles Interesse gilt einer möglichen Auffahrt zur Ruine einer alten Burg.
Als wir in der gesuchten Richtung eine Fahrstraße sehen, wollten wir gerade abbiegen, als wir das Verbotsschild sehen. Diese Straße ist für Busse gesperrt. Wir suchen weiter.
Die Straße unterquert eine alten Steinbrücke, dann sehen wir rechts einen Turm, der möglicherweise zu

einer Burganlage gehören könnte. Aber einen Weg finden wir auch auf den nächsten Kilometern nicht. Wir halten am Straßenrand an und beraten, fragen Vorbeikommende. Es war eine unangenehme Situation. Was sollen wir tun? Zurückfahren? Weiter suchen?

Die Mehrzahl der Gäste äußert sich dahingehend, dass sie schon in Esztergom auf eine Burg gestiegen seien und sowieso an einem möglichen Aufstieg kein Interesse hätten. Wir sollten doch weiterfahren.

Aber hinter mir saß auf der ersten Reihe ein Ehepaar, dass das anders sah. Unsere Entscheidung, nicht umzukehren und es noch einmal zu versuchen, sei „grenzwertig", meinten sie. Glücklicherweise habe ich nicht alles verstehen können, womit sie ihren Unmut zum Ausdruck brachten.

Bis Szentendre suchte ich nach einem möglichen Abzweig. Nichts!
Erst in der Stadt sehe ich einen Wegweiser, der aber wieder in eine andere Richtung zeigt. Es ist bereits 14.00 Uhr, und bei einer möglichen Fahrt in der angezeigten Richtung wäre zu viel Zeit verloren gegangen.

Der Nicht-Ausflug nach Visegrad beschäftigte mich noch lange.
Nach Rückkehr von unserer Reise bat ich die ungarische Kollegin mir den Weg zu beschreiben.

Sie hat mir das Folgende aufgeschrieben: Wenn Du in Visegrad bist, dann ist auf der rechten Seite ein großes Wellneshotel,... später führt die Straße durch ein großes Tor (die Steinbrücke), nach 80 Metern steht ein Schild mit der Aufschrift „Fellegvar"... Die Straße führt mit vielen Kurven direkt zum Parkplatz...
Fellegvar heißt „Berg mit Ruinen".
Ich hätte also nach „Fellegvar" suchen müssen!
Wenn mir das doch jemand vorher gesagt hätte!
Unsere ungenügenden ungarischen Sprachkenntnisse und eine fehlende Information durch den Veranstalter brachten uns in diese missliche Situation.

Jetzt müssen wir uns auf den nächsten Punkt unseres Ausflugs konzentrieren, auf die Stadt Szentendre.

Mein erster Besuch in SZENTENDRE erfolgte 2020, an einem Nachmittag im Oktober, so gegen 15.00 Uhr.

Während des gemeinsamen Bummels aller Gäste gewinnen wir einen ersten Eindruck von der Stadt, die in der Reiseliteratur auch als „Künstlerkolonie" bezeichnet wird. In Erinnerung habe ich blitzsaubere, kleine Häuser, alle mit roten Ziegeldächern, dazwischen Blumenrabatten, gepflegte Vorgärten mit alten Bäumen, die Schatten spenden. Die Menschen haben es hier nicht eilig, sie bummeln gemächlich über das Kopfsteinpflaster, bleiben vor schmiedeeisernen Toren stehen, bestaunen die Pestsäule inmitten des Marktplatzes, schauen in die Auslagen der Künstler und Handwerker.

Ich unterhielt mich geraume Zeit mit einem "Straßenkünstler", der wunderschöne Landschaften zu Papier gebracht hatte. Und am Ende des Gesprächs kaufte ich ein kleines Bild als Erinnerung.

Überraschend war für mich der Straßenschmuck im Zentrum. Große, farbige Lampenschirme in der Form einer schlichten Leselampe, eben nur größer, werden hier als Gestaltungselemente verwendet.
Auf einer anderen Straße sahen wir farbige Regenschirme, die Straßen und Plätze miteinander verbanden. Da es allmählich dämmerte, erlebten wir den

Straßenschmuck später mit elektrischem Licht. Perfekt!

Unser Ziel war das Marzipanmuseum, das es seit 1994 hier im Ort gibt. Ein rosafarbenes Gebäude, man kann sich leicht eine Konditorei im Inneren vorstellen, nimmt uns auf.
Außerordentlich viel Geschick verlangt die Herstellung solch kleiner Marzipankunstwerke.
Die verschiedensten Themen und Gegenstände können wir bewundern. Beispielsweise gefielen mir blühende Kakteen und ein Krippenspiel. Die Palette der ausgestellten Waren war vielfältig: kleine Tiere und Pizza, einzelne Rosen und Kuchenstücke...
Im Erdgeschoss kann man die verschiedensten Souvenirs aus Marzipan kaufen. Um ganz ehrlich zu sein, ich mag kein Marzipan. Ich bevorzugte den Kaffee im Café. Der war gut.

2021.
Jetzt heißt es wiederum: „SZENTENDRE wartet."
Der Fahrer hielt oberhalb der Stadt auf dem ausgewiesenen Parkplatz. Bei meinem ersten Besuch hatten wir an anderer Stelle gehalten. Ich verglich den Parkplatz damals mit einem geschlossenen Rummelplatz. Das heute war ein öffentlicher Parkplatz.

Es durfte nicht noch einmal etwas schiefgehen. Deshalb laufe ich schnell voraus, um in einem Café nach dem kürzesten Weg zu fragen. In meiner Aufregung übersehe ich eine Unebenheit auf dem Bürgersteig und stürzte mit Schwung in voller Länge. Ich weiß nur noch, dass mir ein Gast half, aufzustehen, aber ich wusste hinterher nicht, bei wem ich mich bedanken sollte. Ich tat es einfach bei allen.

Aber ich kannte nun den kürzesten Weg. Die sich im Zentrum der Stadt befindende Kirche war zu sehen. Die Gäste müssen nur von hier, einer etwas erhöhten Stelle, hinunter laufen.

Jetzt erst kontrollierte ich meine Blessuren. Glücklicherweise schien außer blauen Flecken nichts Ernsthaftes passiert zu sein. Nur meine Schulter schmerzt bei jeder Bewegung.

Mein erster Weg führt mich zur Stadtinformation. Ich will wenigstens im Nachhinein herausfinden, was ich in Visegrad falsch gemacht habe und weshalb ich keine Zufahrt zur Burgruine mit dem Bus fand. (Die Information meiner Kollegin erhielt ich erst später.) Eine Straßenkarte, die ich hier im Laden erhalte, zeigt deutlich, dass von der Stadtseite keine Auffahrt möglich ist

Erst jetzt kann ich mich auf die Stadt konzentrieren. Die Straßen, die zum Markt nach oben führen, hatten Kopfsteinpflaster, aber es gab überall gepflegte Fußwege.

Wie vor zwei Jahren sah ich schon von weitem die großen bunten Lampenschirme, die den Markt und die Hauptstraße kennzeichneten.

Ich blieb stehen, um zu fotografieren: blauer Himmel, die weiß getünchte Kirche und daneben ein langgestrecktes Haus in den gelben Farben des ehemaligen Kaiserreiches.

Das Bild, das sich mir bot, wurde lebendiger durch die Verkaufsstände auf dem Markt.

Wir wussten schon bei unserer Ankunft, dass heute wenig Touristen die Stadt besuchen, denn es stand nur unser Bus auf dem Parkplatz. Ungestört konnten wir in die kleinen Gassen gehen, in den Geschäften schauen und einkaufen. Ich entdeckte die typischen ungarischen Mitbringsel: Lavendel und Paprika.
„Mein Künstler", die mich zum Kauf des kleinen Bildes angeregt hatte, war nicht da. Eben Corona.

"Ein Eis wäre gut", dachte ich und fand auch bald eine Eisdiele, wo ich mich im ersten Stock an einem Fenster niederlassen konnte. Von hier oben habe ich einen freien Blick über das Geschehen auf der Straße und besonders über die nach meiner Auffassung eindrucksvollste Straßenkreuzung, nämlich die mit den vielen bunten Schirmen, die auch in diesem Jahr zu einem fotografischen Magneten wurden.

Der Tag klang nach dem Stadtbesuch harmonisch aus.

Ein Tagesausflug nach BUDAPEST gehört zum Ausflugspaket.

Leider müssen alle Besuche so geplant werden, dass man als Reisender einen Überblick haben kann. Touristisch ist das selbstverständlich richtig. Aber: Auf diese Weise sah ich Budapest nur vom Bus und vom Schiff aus. Mir ist es lieber, einen Ort „zu erlaufen".

Die ungarische Kollegin verstand zwar meine Argumente, aber am von mir vorgebrachten Problem konnte sie auch nichts ändern.

Wir verstanden uns gut, meine ungarische Kollegin und ich. Deshalb muss ich eine kleine Episode erzählen, die mit dem Verlauf der Reise nichts zu tun hat: Am Abend, im Hotel, saß ich wiederholt mit ihr zusammen. So erfuhr ich, dass sie eine liebevolle "Katzenmama" war und eine Vielzahl von Katzen betreute. Ich nahm mir deshalb vor, bei einer möglichen Reise im folgenden Jahr sie mit Katzenfutter zu überraschen.

Sommer 2021. Nun ist das nächste Jahr da, das Katzenfutter war gekauft. Weil ich mich mit den Geschmacksnerven von Katzen nicht auskenne, kaufte ich von allem etwas und auch in verschiedenen Läden. Ich war so im Kaufrausch, dass ich erst zu spät bemerkte, dass ich unter das Futter für die Katzen auch Hundefutter gemischt hatte.

Am nächsten Tag fuhr ich wieder in die Stadt, tauschte die Leckerli.

Eine Woche später kam die Reiseabsage.

Sollte die Futter-Odyssee kein Ende nehmen?

Wieder zog ich los. Nicht alle Geschäfte nahmen den Einkauf zurück.

Laut Verkaufsdatum könnte ich den Rest im kommenden Sommer 2022 mit nach Ungarn nehmen. Wenn es ein Reisejahr gibt...

Wie es sich dann zeigte, war Corona doch stärker als der Wunsch, das Katzenfutter an der richtigen Adresse abzuliefern.

Ich blieb sozusagen auf dem Katzenfutter sitzen.

Juni 2022.
Ein ganzer Tag ist für unseren Aufenthalt in BUDAPEST reserviert.

Am Tag der Anfahrt, wir mussten die Stadt queren, um das Hotel zu erreichen, war ich begeistert von der Architektur. Neben den Neubauten, oftmals Hochhäuser, entdecke ich ganze Straßenzüge mit Bürgerhäusern aus dem 19. Jahrhundert und der Vorkriegszeit des 20. Jahrhunderts. Ich hörte zum ersten Mal, dass die Stadt im Krieg nicht zerbombt wurde. Das erklärt die alten Häuser, die mir mit ihrem besonderen Charme so gefielen.

Der Fahrer kennt die Strecke, ich kann also weiter auf die Stadt schauen. Wir queren die Donau und schauen zum Gellertberg.

Bald darauf sehen wir auf der Fahrerseite den Burgberg und die Fischerbastei, auf der anderen das Parlamentsgebäude und die Margareteninsel.

Wir fahren ziemlich lange und ich habe das Gefühl, schon wieder stadtauswärts zu fahren; tatsächlich haben wir die Stadt durchquert.

Als wir das Hotel erreichen, war es nach 18.00 Uhr. Das Gebäude ist direkt am Wasser gelegen. Und, welche Freude, wir dürfen auf der überdachten Terrasse speisen. Äußerst positiv empfand ich es auch, dass erst am letzten Abend die Getränke bezahlt werden mussten. Die Gästen gefällt das.

Am Morgen nach der Ankunft:
Bei allen Besuchen beginnen die ungarischen Stadtführer mit dem Heldenplatz.

Sie erzählen uns von der ruhmvollen Geschichte ungarischer Stammesfürsten, Freiheitskämpfer und Könige. Mit dem Millennium Denkmal auf dem Platz, errichtet 1896, werden sie geehrt.

Eine hohe korinthische Säule mit dem Erzengel Gabriel ragt über allem.

Viel zu lange stehen wir hier. Und eigentlich zu kurz. Die wenigsten Gäste hören bis zum Ende zu. Eine gefühlte halbe Stunde.
Bei der Weiterfahrt durch den Stadtwald versuche ich die Bauwerke, die zum Zoo gehören, zu fotografieren. Eine wunderbare Vielfalt! Hier bliebe ich gern länger.

Später erfolgt die Weiterfahrt entlang einer breiten Allee mit alten, hohen Bürgerhäusern, die Andrassy Straße. Entlang dieser Allee würde ich auch gern bummeln. Der Wunsch, persönlich Bauwerke „zu entdecken", ist ausgeprägt.

Die ungarische Reiseleiterin muss uns mitteilen, dass es seit dieser Woche (Ende Juni 2022) nicht mehr möglich ist, mit einem Reisebus zur Burg, zur Matthäuskirche und zur Fischerbastei zu fahren. Die Gäste nehmen diese Information hin, ohne zu murren.

Als Ausgleich gehen wir ein Stück die Donaupromenade entlang, Richtung Kettenbrücke. Dort gibt es die Möglichkeit, mit einer Rolltreppe oder mit dem

Fahrstuhl nach oben zu fahren. Von hier aus hat man einen weiten Blick auf die Donau. Es war natürlich kein Ausgleich, und der Verzicht auf den Burgberg mit all den historischen Gebäuden ist ein Verlust für alle Bustouristen. Mir verdarb es den Tag, denn dieser Teil der Stadtbesichtigung war immer der Höhepunkt des Besuchs in Budapest gewesen.

Nach diesem kleinen Spaziergang wollten wir zum Essen fahren.
Aber: am Treffpunkt fehlten zwei Damen. Verlaufen? Oder war eine vielleicht gestürzt?
Die ungarische Kollegin und ich suchten. Dann klingelte das Telefon. Glücklicherweise hatte ich auch diesmal wieder allen Gästen meine persönliche Telefonnummer gegeben. Es war, wie ich vermutet hatte, die Damen hatten sich verlaufen. Nach ihrer Beschreibung waren sie einfach in die falsche Richtung gelaufen. Wie sich später herausstellte, hatten sie vergessen, mit dem Fahrstuhl wieder zur Uferstraße hinunter zu fahren. Sie irrten oben in den Parkanlagen umher.
Ich konnte nicht helfen und musste die örtliche Reiseleiterin bitten, die Damen dort abzuholen. Das Ganze kostete Zeit, von der wir eigentlich keine hatten.

Das Mittagessen war auf einem Schiff geplant, das während des Essens auf der Donau fuhr.
Ein Mittagessen auf dem Fluss!

Plötzlich entstand eine sichtbare Unruhe bei meinen Gästen. Und da entdeckte auch ich das Ungewöhnliche.

Ein Bus fuhr durch den Fluss. Er fuhr nicht nur durch das Wasser, sondern auch unter Wasser. Ich war fasziniert. Ein Bus bewegte sich unter Wasser vorwärts, das hatte ich noch nicht gesehen.

Am Anleger wartete schon der Fahrer mit dem Bus. Ich stieg als letzte aus, blieb bis alle Gäste über die Straße gegangen waren und sich in Richtung Bus begaben.

Als ich dann dort ankam, musste ich feststellen, dass wiederum zwei Gäste fehlten.

Ich konnte mir das nicht erklären. Hektisch lief ich hin und her, aber umsonst.

Als ich wieder am Bus ankam, hatten Gäste die Fehlenden entdeckt. Sie saßen oberhalb des Busses in einem kleinen Park und glaubten, bis zur Abfahrt am späten Nachmittag Freizeit zu haben. Sie hatten wahrscheinlich einfach nicht zugehört, und für alle anderen war es ärgerlich, wieder ein Zeitverlust.

Der Plan sah vor, dass wir in die Nähe der Markthalle fahren würden; dort, neben der Kunsthalle, die aussieht, wie ein mit dem Kiel nach oben treibendes Schiff, wird der Bus stehen bleiben.

Die bunten Dachziegel der Markthalle haben wir schon beim Vorbeifahren gesehen.

Die Seitenfront besteht aus roten Ziegeln und beeindruckt durch ihre Länge und die riesigen Glasfenster.

In vielen Städten entstanden am Ende des 19.Jahrhunderts beeindruckende Markthallen. Die äußere Hülle ist aus unterschiedlichen Materialien. Alle aber sind, wie das Wort es sagt, große Hallen, die eine Empore mit zusätzlichen kleineren Verkaufsräumen haben und Dachfenster.
Ich habe keinen besonderen Wunsch, als ich die 150 Meter lange Halle betrat. Hauptsächlich werden Lebensmittel und Souvenir angeboten.

Ich bummle fotografierend durch die Halle und lande dann wieder draußen auf einer verkehrsberuhigten Straße. Hier gab es Boutiquen, Cafés und wieder Läden für uns Touristen.
Ich setzte mich in ein Straßencafé mit dem Blick auf die Straße. Jugendstilfassaden, ein Haus interessanter als das andere, schmückten diese Straße.

Im Prinzip war mein Aufenthalt in Budapest mit diesem letzten Kaffee zu Ende.

Bei einer Reise von vier Tagen entfallen schon zwei auf die An- und Abreise. Man kann also nicht mehr erwarten. Es ist aber noch vieles, was ich zu sehen wünsche: das luxuriöse Gellert Bad, von dem Freunde erzählten, der Rosengarten auf der Margareteninsel, vielleicht eine Synagoge, vor allem aber das Parlament, das größte Gebäude Ungarns.

Morgen früh werden wir mit Erinnerungen und neuen Reiseplänen nach Sachsen zurückfahren. Wir hoffen dann auf eine staufreie Fahrt ohne besondere Vorkommnisse.

Zur Unterhaltung trage ich dann mit einer Episode bei, die auf einer Rückreise vom Balaton passierte.
Beim Kofferpacken, beim Verlassen des Zimmers, im Speiseraum..., überall vergessen wir persönliche Dinge.
Aber diesmal war es nicht nur ärgerlich, sondern auch kurios. Wir waren schon mehr als eine Stunde vom Hotel entfernt, als eine Frauenstimme von einer der hinteren Reihen zu hören war. „Ich habe mein Gebiss vergessen!"
Ich glaubte zunächst an einen Scherz und reagierte auch dementsprechend. „Nein, nein", das Vergessene läge im Wasserglas und stehe auf dem Nachttisch des gebuchten Zimmers. „Aber", fügte die Dame hinzu, „es ist nicht so schlimm, es sind nur die hinteren Zähne." Alles lachte.
Aber was nun? Wir überlegten. Zurückfahren war nicht mehr möglich.
Zunächst rief ich im Hotel an, wo man mir bestätigte, dass das gesuchte Teil gesichert war. Nun musste ein Weg gefunden werden, dass es auf schnellstem Wege nach Deutschland kam.
Die Organisation erfolgte perfekt. Mit dem nächsten im Hotel abfahrenden Reisebus unseres Veranstalters reiste das Gebiss nach Magdeburg; in der darauffolgenden Woche mit der Dienstpost in die Zentrale

nach Leipzig. Von dort aus wäre es eine Woche später, wieder mit den dienstlichen Unterlagen in die Heimatstadt gekommen.

Aber soweit ließ es die Reisende nicht kommen. Sie fuhr ihrem Gebiss entgegen und holte es persönlich in L. ab.

Scherzhaft hatte ich zum Abschied gesagt: „Wenn Sie Ihren Verlust wieder haben, dann lassen Sie es mich wissen."

Etwa drei Wochen später, bei der Abfahrt zu einer Tagestour, kamen zwei Frauen lachend über den Platz Richtung Reisebus. Und die eine wiederholte immer wieder: „Ich bin's Gebiss!"

Bei der Vielzahl der Gäste hätte ich sie möglicherweise nicht erkannt, aber dieser Satz konnte nur von der einen Reisenden kommen.

Noch heute erzählen wir davon, wenn es um Vergessenes während unserer Reisen geht.

4. TSCHECHIEN – Mineralquellen und Kurbetrieb

4.1. Über das Erzgebirge nach Bad Teplitz

Teplitz ist das älteste Heilbad in Westböhmen. Seit dem 12. Jahrhundert werden die Quellen als Heilquellen genutzt.
Nach meiner Meinung sind sie für alles gut, auch für jede Altersgruppe.

„Kaiserliches Kurbad" wurde Teplitz genannt, um den österreichischen Kaiser zu ehren. Neben ihm stehen weitere Regenten im Gästebuch, wie der russische Zar und der preußische König. Berühmte Persönlichkeiten, wie beispielsweise Goethe, Beethoven, Wagner, Chopin und Liszt kurten in Bad Teplitz.

Und jetzt, kurz vor Silvester 2019, fuhr ich mit einer Reisegruppe über den Erzgebirgskamm Richtung Heilbad.

Die knappen 60 Kilometer der Anreise bewältigten wir im Dauernebel. Eine einzige Pause war notwendig, die gleichzeitig die Kaffeepause und Sanitärpause war.

Ich stand „wie immer" am hinteren Ausstieg, um ein kostenlose Getränk zu reichen.
„Wie immer", lautete die knappe Bitte des ersten Gastes.
Ist die Aussage „wie immer" ein schwarzer, weißer oder kompletter Kaffee? Ich fragte zurück.

Der nächste Reisende verlangte einen „kompletten Kaffee ohne Zucker, nur mit Milch" und der dritte einen „Kaffee schwarz mit Milch".
Es war also ein Reisebeginn „wie immer".

Bei der Weiterfahrt konnten wir zwar den Zielort noch nicht sehen, aber in der Ferne zwei sehenswerte Gebäude der Stadt, das eine links, das andere rechts der Straße.
Am östlichen Stadtrand, etwa drei Kilometer entfernt, befindet sich Doubravska hora, der Schlossberg, Ruinen einer Burg aus dem 15.Jahrhundert.

Ich habe während eines privaten Besuches versucht, auf den Schlossberg zu laufen, um mir die Gebäude oben anzusehen. Der Weg entpuppte sich jedoch als kurvenreiche Asphaltstraße. Meine Entdeckerlust schwand, ich kehrte um.

Auf der anderen, der westlichen Seite, steht auf einem Höhenzug der Wasserturm. Seine beiden Speicher könnte man äußerlich mit zwei riesigen Wasserschalen vergleichen, über denen jeweils ein Lampenschirm aus Kupfer schwebt. Beide Wasserbecken sind durch einen schmalen Turm miteinander verbunden.
Diese besondere Form macht den Wasserspeicher interessant. Mit einer tschechischen Buslinie fuhr ich deshalb hinauf und war enttäuscht. Ringsum nur Neubauten. Ich weiß nicht, was ich mir erhofft hatte, aber es war so gar nichts da. Und von weitem wirkte er so imposant.

Das „Kaiserbad", unser gebuchtes Hotel, ist eines der ältesten und vornehmsten Hotels und befindet sich inmitten einer gepflegten Parkanlage im Zentrum. Die Verwaltung ist auf Gäste aus Deutschland und auf die „Altersgruppe Rentner" eingestellt.

Nach dem reichlichen Mittagessen war kein Mittagsschlaf geplant, sondern ein Stadtspaziergang mit einem örtlichen Fremdenführer.
Draußen war es immer noch ungemütlich feucht und kalt.
Der örtliche Reiseleiter, selbst ein Altersrentner, war aufgrund der überalterten Mikrofontechnik, die er benutzte, kaum bis gar nicht zu hören.
Der Weg führte durch einen Teil der Parkanlage zum "Hotel Beethoven" und von dort zum Markt, zur Pestsäule. Spätestens jetzt hörte ich ihn überhaupt nicht mehr, weil er weit voraus lief und ich am Ende der Gruppe. Nur wenige Gäste konnten ihm folgen.
Ich lief vor zur Spitze der kleinen Gruppe, bat unseren Fremdenführer darum, langsamer zu gehen und lauter zu sprechen.
"Mir verstehn doch sowieso nischt", sagten die einen.
"Er wartet nicht, bis alle da sind. Wir können nicht so schnell.", versicherten die anderen.
Als wir in der Nähe unseres Hotels kamen, entschuldigten sich die ersten Gäste und baten um Verständnis dafür, dass sie ins Hotel gingen. Die Hälfte der vereinbarten Strecke war zurückgelegt. Unbeirrt lief unser tschechischer Führer weiter. Ich folgte ihm, indem ich die Gäste von hinten „einsammelte", ihnen

zuredete, doch bis zum Ende des kleinen Spaziergangs mitzugehen.
Zufrieden war ich nicht.

Die Bedingungen des Hotels glichen den Spaziergang scheinbar wieder aus.
Das Essen war reichlich und vielfältig.

In der Nacht hatte es geschneit. Geplant war ein Ausflug in den weißen Winterwald, hinauf zum Erzgebirgskamm in eine Höhe von über 800 Meter. Es würde also keinen langen Spaziergang geben, sondern eine gemütliche Busfahrt zum „Mückentürmchen".

Die meisten Gäste hatten Erinnerungen an Besuche auf dieser markanten Bergkuppe zwischen Tschechien und Sachsen.
Ich auch. Meine Erinnerungen waren nicht angenehm. Sie gehören noch in die Zeit meiner "Höhenangst". Auch damals waren wir mit einem Bus unterwegs; ein Ausflug mit Kollegen ins Tschechische war verbunden mit der Sesselbahnfahrt von Mariaschein (Bohosudov) hinauf zur Gaststätte auf dem Berg. Ich war damals mental nicht in der Lage, auf einem der Stühle des Sessellifts Platz zu nehmen. Ich verzichtete auf Kaffee und Kuchen und vor allem auf die Gemeinsamkeit mit den anderen Ausflüglern. Ganz allein blieb ich unten und wartete stundenlang auf ihre Rückkehr.
Die Busfahrt am späten Morgen hinauf auf den Kamm des Erzgebirges war wunderschön.

Die Bäume trugen nicht nur Schneemützen, sondern auch Eiskristalle. Die Nässe des vergangenen Tages war zu Eis erstarrt. Nach jeder Straßenkurve sahen wir ein neues, schönes Winterbild.

Ganz hinauf zum Mückentürmchen (808 m) und damit zur Gaststätte konnte uns der Bus nicht bringen. Glatteis. Die Gäste zweier Busse, etwa 80 Personen, stiegen also aus, um die letzten, vielleicht 300 Meter, zu laufen. Der Wind pfiff uns schon beim Ausstieg um die Ohren, aber alle waren guter Dinge. Die Wintersonne gab ihr bestes.

Noch während die letzten Gäste ausstiegen, wir fuhren als zweiter Bus, kamen die ersten verärgert zurück. Der Wirt des „Mückentürmchens" hatte die Baude für eine geschlossene Veranstaltung gesperrt; auf einem großen Schild am Eingang konnte es jeder lesen.

Was in der Planungsphase der Reise abgesprochen worden war, das weiß ich nicht. Ich hatte aber, wie die Gäste auch, angenommen, dass unseren Gruppen die Gaststätte für einen bestimmten Zeitraum zur Verfügung steht.

So blieb uns nur übrig, durch den Schnee zu stapfen und die Aussicht nach allen Seiten zu genießen. Sie war wirklich phänomenal.

Der sogenannte „Anläuteturm", ein steinerner Turm mit einer Glocke neben der Gaststätte, existiert seit dem 16. Jahrhundert und wurde von Bergknappen gebaut. Er ist viel älter als die Gaststätte. Gleichzeitig steht er an der höchsten Stelle und kennzeichnet den Mittelpunkt des hiesigen Zinnbergbaus.

Unsere Gäste drängten schnell zurück in den warmen Bus. Wir hatten großes Glück, dass die Gebirgslandschaft an diesem Tag so bezaubernd war, dass die Gäste von ihrer Enttäuschung über die nicht geöffnete Gaststätte abgelenkt waren.

In wenigen Stunden würden wir uns zur Silvesterfeier wiedersehen. In der Zwischenzeit hatten wir alle im Kurbad individuelle Behandlungen und die Möglichkeit, das Schwimmbad kostenlos zu nutzen. Die Zeit bis zum Abend verging schnell.

Die Silvesterfeier war ein "Knaller".
Nach meinen bisherigen Erfahrungen glaubte ich, dass die Gäste an ihren Tischen verbleiben und darauf warten würden, was geboten wird. Aber als nach einem reichhaltigen Buffet die ersten Takte der Musik erklangen, waren die Damen und Herren auf den Beinen. Es war die richtige Musik für diese Jahrgänge. Solche Stimmung hatte ich noch niemals bei einer Silvesterfeier erlebt. Bis weit nach Mitternacht wurde gefeiert.

Der Neujahrstag blieb am Morgen ohne Programm für die Gäste. Am späten Nachmittag war ein Konzert geplant.

Am Folgetag sollte ein Ausflug nach Prag stattfinden. Problematisch wurde es schon, als ein tschechischer Bus mit dem Reiseleiter vom ersten Tag auf uns wartete. Durch unsere moderne Busflotte sind die Gäste verwöhnt. In diesem Bus gab es keine Wasserflaschen und keinen Kaffee; es war zu warm und nachdem ich alle Luftdüsen geöffnet hatte, zog es. Auch das Mikrofon des Busses funktionierte bei unserem Reiseleiter nicht. Mit anderen Worten: Hinten im Bus sitzend habe ich nur bruchstückhafte Sätze verstanden. Es war ein Desaster. Ich glaubte, dass es nun nicht schlimmer kommen konnte.

Aber: Schon beim ersten Ausstieg in Prag konnten einige Gäste die körperliche Anstrengung nicht ertragen, sie stiegen einfach nicht aus, blieben zurück. Andere suchten die Toilette, obwohl seit dem letzten Halt kaum eine halbe Stunde vergangen war.

Der örtliche Reiseleiter erkannte wohl das Problem, denn er bot an, anstelle zu Fuß weiter zu laufen, mit dem Schiff zu fahren. Gehen mussten wir dennoch ein Stück. Die Sehenswürdigkeiten der Stadt interessierten die wenigsten Gäste. Sie waren durch die Kälte und die Anstrengungen des Laufens mit sich selbst beschäftigt.

Nach etwa zehn Minuten musste für die erste Familie ein Taxi bestellt werden; fünfhundert Meter weiter fehlte ein Mann aus einer größeren Personengruppe. Er war einfach weg und musste aufwändig gesucht werden. Für einen dritten kam jede Toilettenhilfe zu spät. Die Gäste waren überfordert.

Als ich am Nachmittag endlich alle Gäste im Bus hatte, war ich ungeheuer froh.

Am nächsten Morgen hatte ich Zeit. Ich genoss es, einen langen Spaziergang zu machen. Gleich hinter dem „Hotel Kaiserbad" stieg ich die lange Treppe hinauf Richtung „Burgruine" und lief dann durch den großen Kurpark zurück zum wahrscheinlich ältesten Teil des Ortes, dem Schlossplatz.

Daneben befindet sich die Urquelle, deren Wasser an alle Kurhäuser verteilt wird.
Die Heilkraft des Teplitzer Mineralwassers war schon den alten Römern bekannt.
Im 12.Jahrhundert begann man, das Wasser zur Heilung zu nutzen. Es ist vulkanischen Ursprungs und leicht radioaktiv; es wird ihm ein besonders hohes Heilungspotential bescheinigt.
Bis 1879 war Teplitz der bekannteste Kurort.
Die intensive Kohleförderung in der Region führte zu einem Wassereinbruch in den Schacht und einem Versiegen der Urquelle. Noch im gleichen Jahr konnte

sie wieder genutzt werden, aber das Wasser muss seither künstlich hoch gepumpt werden.

Das Brunnenhaus der Urquelle und der Ur-Brunnen befinden sich nebeneinander. Der Kopf des ersten Lebewesens, der Sage nach ein Schweinchen, das geheilt wurde, ist auf einer Plakette am Brunnen zu sehen. Vom vielen Reiben, damit es Glück bringt, ist der Rüssel goldfarben geworden.

Die Urquelle gehört zum Gebäudeensemble des „Kurhotel Beethoven". Es ist das älteste Kurhaus Mitteleuropas.

Von hier läuft man durch den Park zurück zum Hotel.

Als ich sah, dass die russische Kirche geöffnet war, ging ich hinein. Ich war allein. Männerchoräle erklangen in einer Endlosschleife. Es roch nach Weihrauch und Kerzen.

Zar Peter der I. reiste 1712 nach Teplitz und war begeistert von den böhmischen Bädern. Nach seinem Besuch soll er die Bäderkultur in Russland eingeführt haben.

Die Stadt besteht natürlich nicht nur aus dem von mir beschriebenen Gebäuden. Läuft man vom Bahnhof zum Marktplatz erlebt man eine Stadt, die anders ist, belebter, mit vielen kleinen Läden.

Die Häuser sind hauptsächlich drei- und vierstöckig. Gebaut wurden sie allesamt im letzten Drittel des 19.Jahrhunderts, noch zur Zeit der Habsburger Monarchie. Das eine oder andere ist renoviert oder besitzt neue Farbanstriche. Man erkennt die ehemalige Wohlhabenheit des Heilbades.

Wie ich schon am Anfang schrieb, haben sich die Verantwortlichen unserer Silvesterreise sehr viel Mühe gegeben, uns auch mit Kleinigkeiten zu erfreuen. Dazu gehörte auch etwas zum Naschen und ein kleiner Magnet, ein Souvenir in der Größe einer Geldkarte mit einem Bild vom Ort.
Am letzten Tag fragte mich ein Mitreisender, ob er denn auch die Kurkarte abgeben müsse. Wörtlich: „Was wird denn mit den Kurkarten?" Ich staunte. „Wir haben doch keine Kurkarten. Wir sind keine Kurgäste." Der Gast: „Nu, die kleinen bunten Karten." Da begriff ich erst, was er meinte. Er zeigte mir die Magnete, die er und seine Frau erhalten hatten. Ich hatte folglich die Aufgabe, ihm unser Teplitz-Souvenir zu erklären.

4.2. Anreise durch das Vogtland nach Eger und Franzensbad

Unsere Tagesreisen ins tschechische Bäderdreieck führen zunächst ins sächsische Vogtland.

Wir fahren Richtung Plauen und dann weiter im Tal der Weißen Elster, die hier schmal und mäanderförmig durch die Talwiesen fließt. An beiden Ufern des Flüsschens wachsen Bäume und Büsche und säumen das kristallklare Wasser.

Besonders dann, wenn die Frühlingsblumen voll erblüht und noch nicht gemäht sind, ist es ein schöner Anblick. Aber noch beeindruckender sind die rosarot blühenden Weidenröschen in Verbindung mit den gelben "Knöpfen" des Rainfarns und den weißen Büschen der wilden Möhre. Hinter dem lang gestreckten Ort Adorf habe ich große rotblühende Waldlichtungen sehen können.

Während ich nach draußen schaue, höre ich ein Gespräch, von zwei Damen geführt, die hinter dem Fahrer auf der ersten Reihe sitzen. Es sind zwei ältere, reizende Damen.

Die eine macht die andere in feinstem Sächsisch aufmerksam: "Guck' ma da, die Windmühle. Is die nicht schön?"

Ich schaue angestrengt nach rechts und links. Ich sehe keine Windmühle.

Die Dame hinter dem Fahrer wiederholt: "Nu gucke doch mal hin."

Trotz der Eindringlichkeit ihrer Worte, sehe ich immer noch keine Windmühle. Deshalb drehe ich mich um. Und was sehe ich? Mein Reisegast hat gar nicht aus dem Fenster geschaut, sondern in eine der bunten Zeitungen vom Kiosk

„Bäderwinkel" oder auch „Musikwinkel" nennen wir Sachsen diese Region. Hier werden in kunstvoller Handarbeit Musikinstrumente gefertigt, die von Künstlern weltweit geschätzt werden.

Am Wegweiser "BAD ELSTER" fahren wir vorbei.

Kürzlich erhielt ich einen Reiseauftrag und fuhr erstmals „dienstlich" nach Bad Elster.
Ich erinnere mich:
Historisch betrachtet wurde Bad Elster von König Friedrich August II. schon 1848 zum Sächsischen Staatsbad erhoben. Es ist also eine Kureinrichtungen mit langer Tradition.

2009 wurde eine neue Thermalsolequelle in 1 200 Meter Tiefe entdeckt, die den Namen „Elsteraner Thermalsole" erhielt. Sie ist eine Glaubersalz-Quelle und, so betonen alle Werbefachleute, von besonderer Zusammensetzung und Konzentration.
Leider konnte ich alle Badelandschaften, Saunen und Trinkbrunnen nur von außen betrachten, aber sie machen Lust auf mehr.
Besonders reizvoll stellte ich mir den Aufenthalt im Salzsee vor. Einmal im Wasser schweben!

Mit 15% soll der Salzsee ein Gefühl der Schwerelosigkeit entwickeln, man könne einfach nur im Wasser liegen und entspannen.

Alles nur von außen anzusehen, ist für die Gäste enttäuschend. Das gilt besonders für das König Albert Theater. Es sollte ursprünglich einer der Höhepunkte des Rundganges sein.

Die „Chursächsische Philharmonie", die hier ihren Hauptsitz hat, wird von Kulturinteressierten geschätzt, aber auch die jeweiligen Theateraufführungen, obwohl das Theater kein eigenes Ensemble hat. Die Schauspieler arbeiten sozusagen auf Einladung für eine spezielle Aufführung. Dadurch ist der Spielplan besonders abwechslungsreich.

Wir sind wohl die zweite Reisegruppe, die seit den Corona-Schließungen wieder durch den Park geführt wird.

Beginnend am Rosengarten, vorbei am Gondelteich queren wir die Weiße Elster, die hier, etwa 15 Kilometer nach der Quelle in ein ausgemauertes, begradigtes Flussbett gezwängt wurde. Hohe alte Bäume spenden Schatten, begrenzen ganz natürlich das Innere der angelegten Parkanlagen.

Auch bei unserem Besuch Anfang September fanden wir einen bunten Blütenteppich vor, gepflanzt in Rabatten oder auch großflächig und in Kübeln.

Im Staatsbad stehen den Gästen insgesamt 10 Heilquellen für Trink- und Badekuren zur Verfügung. In der Moritzquelle werden fünf Trinkquellen gebündelt.

Mit Maske und nur für einen kurzen Augenblick dürfen wir in die Trinkhalle. Mich begeistert der Lichteinfall durch die Glaskuppel über mir auf einen den Raum dominierenden Leuchter, der wiederum das Licht nach unten zum Trinkbrunnen führt. Ich schaue abwechselnd nach oben und wieder nach unten.

Überhaupt scheint Entspannung durch Licht in allen Badelandschaften eine große Rolle zu spielen. Auch im historischen Kurpark wird augenblicklich ein „deutschlandweit einzigartiges Lichtkonzept" verwirklicht. So jedenfalls erklärte die Stadtführerin die in den Bäumen aufgehängten Lichterkugeln und Lichterketten.

Wie ich schon schrieb, fahren wir heute am Wegweiser nach Bad Elster vorbei.

Unsere Ausflugsziele sind an diesem Tag zwei grundverschiedene Orte –
EGER und FRANZENSBAD.

Am Vormittag fahren wir nach EGER/ CHEB.

Die alte Reichsstadt, auf einem Berg gegründet, sieht man schon von weitem. Die Häuser drängen scheinbar alle um die älteste Kirche der Stadt, die St. Nikolaus und St.-Elisabeth-Kirche. Sie dominiert das Stadtbild eindeutig.
Wir fahren zunächst hinunter zum Fluss Eger und gleich darauf, auf der anderen Seite, wieder hinauf zum Busparkplatz in der Nähe des Zentrums.

Mein Reiseveranstalter erwartet von mir, dass ich den Gästen in anderthalb Stunden die bedeutendsten Sehenswürdigkeiten der Stadt zeige und ihnen sogar noch freie Zeit ermögliche.

Irgendwer hat aufgelistet, was ich zeigen sollte: Stadthaus, St.-Bartholomäus-Kirche, Ausstellungs- und Konzertsaal Klara, Gabler-Haus, Grüner-Haus, Haus zu den zwei Herzögen, Franziskanerkirche, St.-Wenzels-Kirche... Drei Seiten A4! Unmöglich auch nur die Hälfte zu schaffen!

Gemeinsam mit den Gästen laufe ich aufwärts zum Zentrum.

Nach einem Durchgang durch ein größeres Gebäude, dem neuen Rathaus mit dem Turm, wird der Blick auf den Marktplatz frei.

Immer wieder bin ich von seiner Größe und seiner Schönheit beeindruckt. Geschlossene Häuserzeilen umgeben ihn, alle liebevoll und farbenfroh restauriert.

Seit 1981 ist das Stadtzentrum ein „Denkmalsreservat"; ich glaube diese Übersetzung ist vergleichbar mit unserem Begriff „Flächendenkmal". Nicht ein einzelnes Haus wurde zum Denkmal erklärt, sondern der gesamte historische Bestand.

In der 2.Hälfte des 12.Jahrhunderts wurde oberhalb des Flusses Eger eine Kaiserpfalz erbaut. In ihrer Umgebung entstand im Mittelalter eine selbständige Stadt. Der Rolandbrunnen auf der oberen Hälfte des Platzes, uns direkt gegenüber, bestätigt das. In seinen Händen trägt der Egerer Roland einen Speer und das Wappen von Eger.

Der Marktplatz ist abschüssig - wie in einer Theaterkulisse sind die Bürgerhäuser aufgereiht.
Die Stadt war im Mittelalter reich, Geschäftsleute und Kaufleute betonten ihren Reichtum, indem sie prächtige Stadthäuser bauen ließen.
Je höher die Dachböden waren, mitunter damals schon mehrstöckig, desto reicher war die Kaufmannsfamilie.

Die Giebel zum Markt waren schmal, aber als wir zum Mittagessen ins Restaurant "Fortuna" gingen, hatten wir das Gefühl, erst im 4. Hinterhaus zu essen. Die Häuser wurden also nach hinten erweitert.
Die Wände selbst waren ausgesprochen massiv.

Vom Brunnen im oberen Teil des Marktes können wir das Symbol des Marktplatzes sehr gut betrachten, das Stöckl (Spalicek). Es ist der einzige Gebäudekomplex, der direkt auf dem Marktplatz steht. Seit dem 13.Jahrhundert soll dieses Konglomerat aus Krämerbuden, Fleischerläden und Wohnhäusern durchgängig hier seinen Platz gehabt haben.
Das Stöckl sind heutzutage 11 kleine Häuser, die in zwei Reihen stehen.

Durch eine schmale Gasse, die an der schmalsten Stelle nur 160 Zentimeter beträgt, sind sie voneinander getrennt. Dieses Sträßchen hat sogar einen Namen, Kramarska.

Zuhause dachte ich an ein Maßband, vergaß es dann aber. Eine mit uns Reisende hatte ein solches Maßband dabei, und wir hatten viel Freude beim Messen. Die Angaben stimmten. Meinen Gästen machte es Spaß, durch die enge Häuserzeile zu gehen und die farbig sich abwechselnden Häuschen zu zählen. Es war nur im „Gänsemarsch" möglich, also einer hinter dem anderen. Aber es passten alle durch.

Eine dritte Reihe von Häusern soll hier an der Westseite gestanden haben. Dort gibt es jetzt kleine Cafés

mit roten Sonnenschirmen. Von der Straße gegenüber kann man das Fachwerk der alten Häuser hinter
den Cafes betrachten.

Am Ende der schmalen Gasse angekommen, stehen
wir vor dem Stadthaus. Das Haus hat viele Namen.
Bürgermeister Pachelbel hat es einst für sich selbst
bauen lassen, deshalb nennt man es das Pachelbel
Haus. Es ist das Stadtmuseum, und weil 1634 in diesem Haus Albrecht von Waldstejn ermordet wurde,
nennen wir es das „Wallenstein-Haus". Mit seiner
dunkelgrauen prächtigen Fassade und dem gotischen Torbogen ist es das schönste Haus an der
Nordseite des Marktplatzes.

Es ist mir nicht möglich, alle Häuser am Markt zu beschreiben, sie stehen fast vollzählig auf der Liste der
zu schützenden Häuser.

Zwischen all den farbigen Bürgerhäusern sticht ein
schwarzes Haus an der Westseite hervor. Mit seinem
schmalen, hohen Treppengiebel ist das „Schirdinger
Haus" aus dem 13.Jahrhundert schon etwas Besonderes. Es ist des einzige vollständig erhaltene Haus
im gotischen Stil. Im Innenhof lädt ein Cafe innerhalb
eines Arkadenganges zum Verweilen ein.
Daneben prangt ein zweistöckiges, auffällig restau-
riertes Bürgerhaus in Rostrot mit einer Rokoko-Fas-
sade. Die beiden Häuser bilden einen auffälligen Kontrast zueinander.

Hier, am unteren Ende des Marktes, befindet sich auch die einzige geöffnete Kirche um diese späte Vormittagszeit. „St. Nikolaus und St. Elisabeth" ist die, von mir schon erwähnte, älteste Kirche in der Stadt. Im 13.Jahrhundert wurde sie erbaut und am Ende des Krieges bei einem Bombenangriff getroffen. Erst 2008 konnten die letzten beiden großen Türme geweiht werden.

Meine Gruppe ist inzwischen kleiner geworden. Obwohl es gar nicht weit zur Burg mit dem schwarzen Turm ist, scheuen einige ältere Gäste den Weg hinauf.
Auffällig ist, dass auf allen zur Burg führenden Straßen gebaut wird, das Kopfsteinpflaster der Straßen wird neu verlegt, die Fensterrahmen der Häuser werden gestrichen oder neue eingebaut, die Häuser erhalten einen neuen Anstrich. Die Gebäude hier sind kleiner als unten am Markt, aber die Mauern scheinbar ebenso dick.

Nach nur wenigen Minuten stehen wir innerhalb der Reste der begrünten und gepflegten Burganlage und schauen hinunter ins Egertal. Im Schatten der hohen romanischen Burgmauern fanden bereits mehrmals Gartenschauen statt und ein Rest davon, wunderschön bepflanzt, ist von oben zu sehen.

Die Burg selbst wurde im 12. Jahrhundert anstelle eines slawischen Burgwalls errichtet, diente als Kaiserpfalz, und auch der tschechische König nutzte diese repräsentative Burg.

Der mächtige Wehrturm ist den meisten Gästen, die schon in Eger waren, als „Schwarzer Turm" bekannt, weil er aus schwarzem Vulkan-Tuffstein gebaut wurde. Ein nahegelegener Vulkan, der Kammerbühl, ist der „Spender".

Hier im Turm war ich vor vielen Jahren und bestaunte hauptsächlich die Dicke der Mauern (zwischen drei und fünf Meter). Ende des 18.Jahrhunderts wurde der Turm um ein Stockwerk, gebaut aus grauen Feldsteinen, erhöht und beträgt nun 18,5 m.

Hier endet mein kleiner Spaziergang mit den Gästen.

Ich erzähle den Gästen noch von einem besonderen „Fest" in der Stadt:

Seit 2005 finden in Eger die Wallenstein-Spiele statt, hauptsächlich auf dem Burggelände und dem Marktplatz. Leider konnte ich nur ein Video sehen, und in der Stadtinformation erhielt ich alte Programme. Aber selbst das Wenige löste großes Interesse aus.

Man huldigt mit den sogenannten Spielen Albrecht von Waldstejn (1583-1634) , den größten Grundbesitzer Böhmens und einflussreichen Politiker, den Führer der katholischen Liga, der Armee des Kaisers im Machtkampf gegen den protestantischen Norden. Als sein politischer Einfluss zu groß wurde, fiel er in Ungnade und der Kaiser gab den Befehl zur Ermordung durch kaiserliche Offiziere.

Ich erzählte, was ich in dem Video und auf den Bildern gesehen hatte: mittelalterliches Treiben auf dem Platz, berittene Soldaten in prächtigen Uniformen, Schaukämpfe, Aufmärsche, Marktweiber, Gaukler, Feuerspucker... Und allen voran Wallenstein in prächtiger Kleidung mit dem bekannten weißen großen Spitzenkragen.

Das Fest endete jeweils mit einem Feuerwerk.

Nach Corona wird es eine Zeit geben, in der auch dieses Fest wieder stattfinden wird.

Zurück zum Markt gehen die Gäste allein. Ihnen verbleibt bis zum Essen noch eine halbe Stunde. Ich muss darauf achten, dass sich die Gäste zeitlich nicht gedrängt fühlen.

Dennoch: Ich verweise eindringlich auf die Neugestaltung der Fußgängerzone mit dem „Zeit-Tor", einem Kunstobjekt, das sich in 24 Stunden um 180 Grad dreht, die Stadt symbolisch öffnet und schließt. Beeindruckend fand ich auch die „Zeitachse", ein Metallband, das durch die Fußgängerzone führt und die wichtigsten Daten der Geschichte vermittelt. Ich hatte Ähnliches noch nicht gesehen.

Nach dem Essen verbleiben den Gästen nochmals etwa 60 Minuten für eigene Entdeckungen.
Die fast 960-jährige hat noch sehr viel mehr zu bieten: vielleicht das geöffnete Franziskanerkloster mit seiner komplexen Geschichte oder eine kurze Fahrt zum Bismarckturm auf dem Grünen Berg oder eine Burgbesichtigung oder, oder, oder...

FRANZENSBAD ist am Nachmittag unser zweiter Aufenthaltsort.
Im Jahr 2022 wurde in Franzensbad die 210.Kursaison gefeiert. Wir sind folglich in einer „alten Kurstadt mit Tradition".

An allen Kreuzungen von Spazierwegen und in Parkanlagen stehen Wegweiser zu den jeweiligen Quellen. Es sind hauptsächlich Glaubersalzquellen.
Gemeinsam laufen wir zur wahrscheinlich ältesten Quelle, der Franzens-Quelle.

Zwischen ihr und der Kolonnade verläuft die Haupt-
promenade, ehemals hieß sie Kaiserstraße (jetzt
Narodni). Kaiser Franz I. wurde gefragt, ob die Quelle
seinen Namen tragen dürfe. Die Erlaubnis dafür
wurde von ihm ebenso erteilt wie die zur Namensge-
bung der Stadt bei ihrer Gründung. Sie erhielt den
Namen „Franzensbad" (1793).
Großes Interesse hat der Kaiser für das Bad seines
Namens wahrscheinlich nicht entwickelt, denn er
weilte nur ein einziges Mal hier. Er war der Schwie-
gervater Napoleons, und als seine Tochter Maria
Louisa von einem Besuch ihres Mannes während des
Feldzuges gegen Russland 1812 zurück kam, fuhr er
ihr entgegen und nächtigte in „seiner Stadt". Die Lui-
senquelle mit dem schönen runden Pavillon erinnert
daran.

Gleich neben der Franzens-Quelle steht die Figur des kleinen Frantisek, das nackte Franzl. Eine kleine Steinfigur aus der Zeit des Anfangs der zwanziger Jahre des 20.Jahrhunderts wurde ein liebenswertes Symbol der Stadt.

Dem Kleinen traut man der Sage nach allerhand zu. Er habe besondere Kräfte, und er helfe besonders Frauen, die schwanger werden wollen. Streichelt eine Frau den Franzel zärtlich, dann erfüllt sich ihr Kinderwunsch in naher Zukunft.

Es ist kurios. Die Damen meines Busses, meist älter, drängeln sich um den Franzl. Alle wollen ihn berühren; an bestimmten Stellen ist er blitzblank. Reisepartner, Ehemänner, Freundinnen... fotografieren sie mit dem Kleinen. „Dame mit Franzl" in verschiedensten Variationen entsteht.

Bei meinem letzten Besuch hatte eine junge Frau dem Franticek ihren Sonnenhut aufgesetzt. Ich hatte schon vorher gelesen, dass der Franzl, ebenso wie das Manneken Pis in Brüssel, ab und an eingekleidet wird. Leider war ich nicht schnell genug, um ihn mit neuer Pracht zu fotografieren.

Der Franzens-Brunnen ist im allgemeinen der Ausgangspunkt für alle Spaziergänge um und in dem Ort. Von hier fährt aller 30 Minuten die kleine Touristenbahn ab, ein kleiner Zug auf Rädern. Mit musikalischer Umrahmung, es erklingt der „Radetzky-Marsch", fährt die „Fun-Tram" um das Quellhaus die erste Schleife auf der Kolonnade.

Der Ort ist überschaubar. Fünf Parallelstraßen führen von hier zu einer Straße mit dem Namen Ruska. Durchgängig queren nur zwei Straßen.

Aufmerksam folge ich bei meiner Bähnle-Fahrt dem Kommentar und schaue interessiert auf die traditionellen Kurhäuser, in denen so viele bedeutende Persönlichkeiten nächtigten, beispielsweise der deutsche Dichter Goethe, der österreichische Staatskanzler Metternich, der tschechische Staatspräsident Havel...

Alle bedeutenden Kurhotels, ebenso wie das Casino, sind äußerlich in gleicher Farbe gehalten: gelber Anstrich, weiß sind die Fensterumrahmungen und die Verzierungen am Haus. Tschechien gehörte zur Habsburger Monarchie. Alle während der späten Kaiserzeit gebauten Hotels tragen diese Farben, nicht nur in Franzensbad.

Das „Kurhotel Imperial" steht stellvertretend für die im Empirestil gebauten Gebäude: mindestens drei Stockwerke, verschiedenste Verzierungen, Säulen und Säulchen, Balkone, umgehende Veranden, hervorgehobene Architrave, Loggien, Bogengänge...

Die kleine, innere Kurstadt ist ringsum von gepflegten Parkanlagen umgeben, in die die Tram teilweise einfährt.

Bei meinen ersten Besuchen hatte ich fälschlicher-
weise angenommen, dass die Kirche auf der Ruska-
Straße eine russische Kirche sei. Sie ist äußerlich far-
benfroher als die anderen Kirchen und im Stadtbild
zentral platziert.
Die heutige Jiraskova hieß früher Kirchenstraße und
führt von der Kolonnade zu dieser 1820 gebauten ka-
tholisch-orthodoxen Kreuzerhöhungskirche. Sie war
bei meinen Besuchen immer geschlossen.

Als ich den Fehler bemerkte, suchte ich sofort auf
dem Stadtplan die russische Kirche. Sie befindet sich
ganz in der Nähe. Ich musste nur in nördlicher Richtung quer durch eine Parkanlage gehen, und bald
stand ich vor der orthodoxen Kirche der heiligen
Olga. Sie ähnelt der in Marienbad.

Die Tür ist geöffnet, ein Gottesdienst findet statt. Ich entschloss mich, auch wenn ich der Sprache nicht mächtig bin, daran teilzunehmen. Die Anwesenden, ihre Zahl war unter 20, waren in ganz unterschiedlichem Alter; mir fällt auf, dass es an diesem Tag meist jüngere Menschen waren. Obwohl im Gebetsraum Stühle standen, blieben alle stehen. Während der kurzen Andacht habe ich Zeit, mir den Innenraum, besonders die Kuppel, anzusehen.

In Franzensbad gibt es 21 Mineralquellen, die aus unterschiedlicher Tiefe kommen und die einen unterschiedlichen Gehalt an Kohlendioxid haben. Vom Tafelwasser (Steffanie-Quelle) über Heilwasser bei bestimmten Erkrankungen bis „nur" als Badewasser nutzbar, finden sie Anwendung. Gas- und Moortherapien ergänzen die Behandlungsmöglichkeiten.
Die Förderung von Moor erfolgt direkt in Franzensbad vom Frühjahr bis zum Herbst. Das schwefeleisenhaltige Moor wird in geschlossenen Lagerhallen gelagert und überwintert dort auch. Von da wird es verteilt.
Ich weiß: Moor ist nicht identisch mit Torf oder gar mit Schlamm. Aber, dass das Moor gemahlen wird, bevor es zur Anwendung kommt, war für mich neu. Das Moor ist eine Heilanwendung in der Gynäkologie und soll bei Kinderwunsch helfen. Also das Moor - und nicht der Franzl.

Im östlichen Teil der Stadt fahren wir mit der Bahn am Aquaforum vorbei. Nachher werde ich mir wenigstens das Bad genauer ansehen.

Das Betreten des Bades ohne Eintrittskarte war völlig unkompliziert.
Im großzügigen Innenbereich sind 32 Grad und außerhalb 30. Zwei Rutschen, eine offene und eine durch eine Röhre, dominierten im Außenbereich. Alles war hell und großzügig.

Ich lief weiter zur Isabella-Promenade.
Man erzählt sich, dass in vergangener Zeit, also im 19.Jahrhundert, auf diesem Weg die höchste Konzentration schöner, alleinstehender Damen vorhanden gewesen sei. Die Damen promenierten hier sicherlich in der Hoffnung, gesehen, bemerkt zu werden.

Vor zwei Jahren nahm ich einen Auftrag mit zwei Übernachtungen in Franzensbad an.
Die Übernachtung war ein Ersatz für ein Hotel in Karlsbad. Das Hotel „Zatisi" befand sich etwas außerhalb. Damit waren wir gezwungen, in die Stadt zu laufen, und wir erlebten selbst, wie die Stadt zwischen Parkanlagen eingebettet ist. Spaziergänge sind nämlich auch Teil der Heilbehandlung.

Zur Freizeit verabschiedete ich mich bei diesem Ausflug mit den Worten: „Und ich fahre nach Amerika."
Mit diesen Worten verabschiedete ich mich von Gästen, die sich bis zur Abfahrt in ein Eiscafe setzen wollten. Das Hinweisschild „Amerika" hatte ich schon bei früheren Besuchen gesehen. Ein ebenfalls kleiner Touristenzug sollte mich ans Ziel bringen.

Das Wort „Amerika" bedeutet hier Waldpark, Teich, Bademöglichkeit, Ausflugsrestaurant...

Die kurze Fahrt war angenehm und beruhigend, sie führte durch ein kleines Wäldchen. Weil ich während der Fahrt unaufmerksam gewesen war, wollte ich die Strecke zurück laufen, aber nach wenigen Schritten hatte ich die Orientierung verloren. Jeder Abzweig sah wie der andere aus. Beängstigend war es keinesfalls, aber ich musste dennoch Spaziergänger fragen, welchen Weg ich zurück nehmen sollte. Es war jedoch eine angenehme, vielleicht drei Kilometer lange Strecke.

Während der Heimfahrt, nach dem letzten Halt an der Raststätte, haben wir noch einmal Grund zum Lachen.

Die beiden „Windmühlen-Damen" von der ersten Reihe waren der Auslöser.

Diesmal war es die andere, die aufgeregt zu sprechen anfing. „Mein Portemonnaie ist runtergefallen. Ich habe es gehört." Sie sucht und sucht. Schließlich rutscht sie aus dem Gurt auf den Boden des Busses. „Ich hab's gehört. Ich hab's gehört!" Mir bleibt nichts anderes übrig, ich suche hinter dem Fahrersitz. Nichts.

Liegt es vielleicht in der Raststätte oder wurde es sogar gestohlen? Es vergingen ein paar Minuten. Ich überlegte, was zu tun sei...

Auf einmal der Aufschrei: „Ich hab's!" Die Frau beförderte das Portemonnaie aus der linken Hosentasche. Das Problem löste sich von selbst. Alle in der Nähe Sitzenden lachten erleichtert, ich besonders.

4.3 Tagesausflüge nach Marienbad

MARIENBAD nähern wir uns, von Eger kommend, durch den Kaiserwald.
Vor Jahren war ich mehrfach mit Jugendlichen in Marienbad. Der Aufenthalt galt dem Erlernen der tschechischen Sprache und sportlichen Veranstaltungen.

Eine Episode aus dieser Zeit werde ich wohl nicht vergessen: Zur Nutzung des Schwimmbades waren Badekappen notwendig. Wir schickten die Jugendliche mit den vermeintlich besten tschechischen Sprachkenntnissen vor, um das Problem darzulegen. Die Frau am Ticketschalter hörte angestrengt zu, öffnete dann das kleine Fensterchen und sagte: "Bitte sprechen Sie deutsch, dann verstehe ich Sie besser." Eine blamable Situation.

Seither ist viel Zeit vergangen.

Jetzt begleite ich Busreisende, hauptsächlich Tagestouristen.
Eigentlich ist es nicht vorstellbar, dass an der Stelle des jetzigen Ortes am Ende des 18. Jahrhunderts noch unwegsames, sumpfiges Gelände war, das Bad erst 1805 vom Stift Tepla gegründet wurde und der Kurbetrieb erst 1808 begann.
Ich weiß nicht, was ich höher einschätzen müsste, die Leistung des Kurarztes Dr. Nehr, der den neuen Kurort der Öffentlichkeit zugänglich machte oder die des Gärtners und späteren Bürgermeisters V. Skalnik, der Sümpfe trocken legen ließ und an deren Stelle

Parkanlagen und Badehäuser baute und sogar an Fischteiche dachte.

Promenaden entstanden.
Wenn ein Kurgast gegenwärtig alle diese Spazier-
wege nur einmal gehen würde, dann müsste er 70 Ki-
lometer „promenieren". Nur Karlsbad soll mit 100 Ki-
lometern Wanderwege ein größeres Wander- und
Spazierwegenetz haben.
Unser Bus wird in der Mitte des Kurzentrums, in der
Nähe der Information, stehen bleiben.

Der Ort steigt nach drei Seiten an, ist von Wald umgeben.
Das günstige Klima und die Vielzahl der entdeckten
Quellen ließ das Interesse weltweit schnell anwach-
sen. Zwar werden von den zirka 120 Quellen zur Be-
handlung von Patienten nur etwa 40 genutzt, aber
diese wurden baulich geschickt in das Stadtbild ein-
gefügt. Ich habe das Gefühl, dass der Ort hauptsächlich aus Kurhotels und Mineralquellen besteht.
Trinkkuren, Moor- und Radonbäder locken. Wasser-
und Elektrotherapie, Heilgymnastik und Inhalation
stehen auf dem Behandlungsplan.

Die geografische Lage des Ortes, die Vielfalt der Behandlungen und die Vornehmheit der neuen Kurhotels ließen Besucher aus vielen Ländern anreisen und
zu Kurgästen werden. Die Liste ist lang. Einige entdecke ich wieder in Straßennamen oder Namen von
Plätzen, beispielsweise die Ibsenstraße, eine Straße,
die den Namen Chopins trägt und einen Goetheplatz.

Seit kurzer Zeit gibt es im Zentrum ein besonderes Denkmal, ein kaiserlich-königliches. König Edward VII. von Großbritannien besuchte bereits am Ende des 19.Jahrhunderts mehrfach Marienbad. 1904 traf er sich hier mit Franz Josef I., dem österreichischen Kaiser. Sie wurden in Lebensgröße abgebildet.
Zwischen den beiden Regenten stehend, erzähle ich, dass sogar griechische, jugoslawische, bulgarische und persische Herrscher hier weilten.

Und nun sind WIR Sachsen in Marienbad!

Ich laufe mit den Gästen entlang der Reitenberger Straße aufwärts zum Neuen Bad und zum Casino.

Dabei komme ich schon an den bedeutendsten Quellen vorbei: der Karolinenquelle, der Rudolf-Quelle und der Ambrosius-Quelle.
Alle Einrichtungen sind renoviert, jedenfalls äußerlich.

Die etwas erhöht gebaute orthodoxe neobyzantinische Kirche fasziniert mich. Schon mehrfach bin ich dort gewesen, aber immer war sie geschlossen.
In die Stadt kamen seit Beginn des Kurbetriebes Gäste, die unterschiedlichen Religionen angehörten. Sie wollten auch ein Angebot entsprechender Gottesdienste nutzen, deshalb gibt es neben dieser römisch- katholischen Kirche eine russisch- orthodoxe, eine anglikanische und eine evangelische Kirche.

Ich biege nach links ab, Richtung Kreuzbrunnen.
Der Weg ist eben, die Rabatten mit bunten Blumen bepflanzt. Die Gäste genießen den Spaziergang und ich freue mich, den Gästen gleich die "Singende Fontäne" zeigen zu können.

1986, am 30. April abends, als der Springbrunnen eingeweiht wurde, war ich zufällig in Marienbad.

Ein musikalischer Wettbewerb hatte stattgefunden, um den Springbrunnen „in Musik zu setzen".
Der tschechische Komponist Petr Hapka gewann die Ausschreibung. Seine Komposition erklang als erste zum Spiel der Fontänen.
Noch beeindruckender war für mich, als mit dem ersten Sprudeln des Wassers und den ersten Tönen der

Musik farbige Lichter das Auf und Ab des Wassers begleiteten.

Viele Zuschauer waren gekommen und verfolgten die „Wasserspiele mit Musik". Mich berührt es noch heute, wenn die Musik zur Fontäne erklingt. Deshalb richte ich es so ein, dass auch die Gäste dieses Erlebnis haben.

Als ich selbst, während einer Mehrtagestour, eine Führung erlebte, endete diese hier. „Zu kurz", fand ich und nahm mir vor, den Gästen mehr von Marienbad zu zeigen.

Ich laufe weiter durch die 120 Meter lange und 12 Meter breite Hauptkolonnade, die 1889 fertiggestellt wurde. Ich bitte die Gäste, sich vorzustellen, wie es am Ende des 19.Jahrhunderts hier ausgesehen haben könnte, als Damen und Herren der oberen Gesellschaftsschicht hier „kurten" und aus diesen sonderbaren Trinkgefäßen mit dem Schnäuzchen das Mineralwasser tranken, während sie in der Wandelhalle auf und ab gingen.

Die Kolonnade sei „im barocken Baustil mit modernen Elementen" errichtet, hatte ich bei einer anderen Gruppe aufgeschnappt.

Die lange Halle gefällt mir, besonders mit dem Wissen, dass sie aus Gusseisen gefertigt wurde. Bei Gusseisen denke ich an Schleusendeckel auf den Straßen oder Omas alte Nähmaschine, an Gegenstände, die starr und schwarz sind. Hier jedoch sehe ich weiße, schmale, fast zierlichen Säulen und Stützen, zarte Bögen und Ringe; der obere Teil erscheint leicht und schwebend.

Wir gehen weiter zum Kreuzbrunnen. Ich glaube, er hat zusammen mit den der Brunnenhalle vorgelagerten Säulen das schönste Brunnenhaus.
Hier treffen die Leitungen von vier Heilquellen zusammen, hier trinken die Patienten, und wenn wir wollen, dann auch wir. Die meisten Gäste haben Kaffeebecher mitgebracht und trinkein Schlückchen" von den unterschiedlichen Quellen. Vorsicht ist jedoch geboten. Das Quellwasser hat abführende Wirkung; es sind Glaubersalzquellen.

Durch eine Glaskuppel kann ich auf den Grund einer Quelle sehen. Es gibt den Brauch, Kleingeld hinunter zu werfen, wenn man wieder hierher kommen möchte. Es liegt immer reichlich Hartgeld am Boden.

Wir sind im oberen Teil des Kurortes angelangt. Zwischen den Ortsteilen im Süden und den imposanten Kurhäusern im Norden steigt das Gelände um etwa 80 Meter, auf 680 Meter.
Hier gibt es, soweit ich sehen kann, fast nur Hotels, Kurhäuser und dazu gehörende Kureinrichtungen. Sie sind allesamt von außen renoviert, wirken imposant und erinnern an die Zeit des Habsburger Reiches.
Die eleganten, gelb gestrichenen Häuser haben Vieles gemeinsam: Lisenen-Strukturen, schmiedeeiserne Balkone, viel Stuck, Vorsprünge, Putten, geschwungene Dächer, Türme und Türmchen, rund und viereckig.
Man muss erhobenen Kopfes entlang der Straße schlendern, um all diese Elemente zu bestaunen.
Hoch gebaut sind die Häuser; meist haben sie fünf Stockwerke, wirken aber viel höher. Deshalb bleibe ich abschließend noch einmal vor dem Hotel „Pazifik" stehen, wo alle diese aufgeführten Details zu bewundern sind.

Von hier aus könnten die Gäste direkt die Hauptstraße zum Restaurant laufen.
Sie können jedoch auch noch ein weiteres Stück mit mir laufen.

Während dieses Bummels ist es das letzte Mal möglich, eine der Quellen zu verkosten, die Waldquelle. Dann schlendern wir entlang der Parkanlage, an deren Ende sich das Denkmal befindet, das J.W. von Goethe mit Ulrike von Levetzow zeigt.

Das Paar wurde so dargestellt, als käme es spazierend aus dem nahen Kaiserwald. Arm in Arm aus dem Wald tretend, scheinen diese beiden Personen in ein harmonisches Gespräch vertieft zu sein.

Ich erzähle den Hintergrund.

Der deutsche Dichter und Politiker, der mehrfach in den böhmischen Bädern weilte, verliebte sich mit Anfang 70 ein letztes Mal. Ernsthaft dachte er über eine Verbindung mit der über 50 Jahre jüngeren Frau nach. Er bat sogar den Großherzog von Weimar um Unterstützung, der diese ihm auch gewährte. Das jugendliche Fräulein von Levetzow verweigerte sich ihm jedoch ihm freundlich und bestimmt.

Ich versuche weiter, die Gäste für unseren großen Dichter zu interessieren und erzähle, dass Goethe erstmals 1820 nach Marienbad kam und im Hotel „Zur goldenen Traube" nächtigte. Dieses älteste 1818 gebaute Haus ist heute das Stadtmuseum. Davor, nicht weit entfernt, steht ein Denkmal unseres Nationaldichters.

Den Gästen gefällt die Geschichte, sie sprechen es sogar aus. Das ist selten.

Mitunter ist es auch ganz, ganz anders und die Gäste interessiert nichts von dem, was ich ihnen als Reiseleiterin erzähle. So war es kürzlich.

Wir waren auf dem Weg nach Marienbad.

„Hören Sie mal auf zu reden, was sie da erzählen, dass interessiert uns nicht."

Dieser Zwischenruf erfolgte von einer Frau, die im Bus direkt hinter mir, also in der ersten Reihe, saß. Empört drehte ich mich zu der Stimme um. Ungerührt erklärte die Frau weiter: Das kennen wir schon. Ich möchte mich mit meiner Freundin unterhalten."

"Dafür, dass ich Ihnen etwas erzähle, werde ich aber bezahlt", entgegnete ich. Beleidigt legte ich das Mikrofon zur Seite.

Die anderen Gäste wiederum baten, dass ich mit meinen Darlegungen weitermachen solle. Nach kurzem Zögern habe ich das dann auch getan.

In einem hatte die Dame recht. Immer größer wird die Zahl der Gäste, die ein Tagesziel zum wiederholten Mal bereisen. Wir Reiseleiter müssen uns also zu dem an der Strecke liegenden Orten immer etwas Neues einfallen lassen. So erzählte ich beispielsweise von der Theaterprinzipalin Caroline Neuber, als wir an der Abzweigung Reichenbach vorbei fuhren, vom Kuriosen-Kabinett des ehemaligen österreichischen Staatskanzlers Metternich, als wir Lazne Kynzvart sahen und kurz vor Marienbad vom sogenannten Berliner Friedhof, den ich selbst erst an diesem Tag besuchen wollte.

Um immer Neues erzählen zu können, versuche ich selbst, Neues zu entdecken.

So nutzte ich die Freizeit und verzichtete auch auf das Mittagessen, um endlich den Berliner Friedhof selbst zu sehen, von dem mir Jugendliche aus Berlin erzählten, die zur Pflege dieses historischen Zeugnisses in Marienbad weilten.

Mehrmals muss ich fragen, bevor ich ihn als Teil des allgemeinen Friedhofs und des deutschen Soldatenfriedhofs fand.

Bisher wusste ich nicht, dass hier auch die Einzelgräber von fast 4 000 deutschen Gefallenen waren. Schlichte Steinkreuze in einer gepflegten Waldanlage. Im Internet habe ich dann nachgelesen und fand Namen und Geburtsdaten. Bei ihrem Tod waren die Männer alle knapp über 20 Jahre.

Dann erst, noch hinter dem Soldatenfriedhof, sah ich die 12 Bronzetafeln, nebeneinander stehend, mit den aufgeführten Namen der sogenannten Ziviltoten.

Am Ende des Krieges, als Berlin fortwährend bombardiert wurde, verschickte man die Krankenhäuser ins scheinbar sichere Böhmen. Die Züge wurden bombardiert, auf Abstellgleise geleitet. Ein Transport des Grauens, der mit 2 000 Toten endete, deren Namen hier auf den schlichten Tafeln standen.

Bedrückt beendete ich meinen Spaziergang. Ich brauchte Zeit, das Gesehene zu verarbeiten.

5. Endlich SIMPLON

Während der Coronazeit mussten viele Reisen abgesagt werden. Nur einmal konnte ich mit einer Reisegruppe die geplante Reise zum Lago Maggiore antreten.

Im Rahmen des Aufenthalts am Lago war eine Tagesfahrt nach Zermatt geplant. In dem wunderschönen Bergort war ich wiederholt, aber noch niemals erfolgte die Anreise über den Simplonpass.

Deshalb freute ich mich so sehr über den Reiseauftrag.

Ein Hotel in der kleinen Stadt BAVENO am Südostufer des Lago Maggiore war für vier Nächte unser Zuhause und demzufolge der Ausgangspunkt für unsere Reise.

Zeitiger am Morgen als gewöhnlich begann hier unser „Abenteuer Simplon".

Man sagte uns, dass die Busfahrt nach Zermatt etwa drei Stunden betragen würde.

Den ersten Teil, entlang des Flusses Toce bis nach Domodossola, kannten der Fahrer und ich; von hier beginnen unsere Zugfahrten nach Locarno.

Kleine Orte befinden sich auf beiden Seiten des Flusses zwischen den Städten Baveno, Ornavasso und Domodossola (278 Meter ü. M.).

Das Tal wird von hohen Bergen eingefasst.

In westlicher Richtung könne man bis zum Monte Rosa Massiv schauen, erklärte der Hotelier bei der Abfahrt.
Auf der anderen, östlichen Seite, erhoben sich felsige Berge.
Kurz hinter Ornavasso sehen wir den alten antiken Marmorsteinbruch, dessen Mundloch weithin sichtbar ist.
Als ich während einer anderen Reise in Ornavasso weilte, lief ich zum Marmorberg. Der hier geförderte rote Marmor darf nur noch für Reparaturen am Mailänder Dom benutzt werden.

Von DOMODOSSOLA, dem Mittelpunkt der Region, gibt es eine Zugverbindung nach Locarno in der Schweiz, die Centovallibahn.

Meine Fahrt mit dieser Bahn habe ich im Teil 4 meiner Geschichten erzählt.

Wenn ich bisher mit einer Reisegruppe auf dem Bahnhof in Domodossola ankam, habe ich mich nur auf den Bahnsteig konzentriert, auf dem unser Zug zur Abfahrt bereit stand.

Kürzlich hatte ich gelesen, dass von Domodossola nach Brig ein weiterer Tunnel durch das Simplon Massiv gebaut werden soll.
Eine „normale" Verbindung mit Tunnel, Galerien und offener Strecke gibt es schon.
Sie führt bis nach Iselle und von dort als Simplontunnel in die Partnerstadt Brig.

Nun werden zwei weitere getrennte Röhren in den Fels geschlagen, die Iselle mit Domodossola verbinden. Dann wird die Fahrt nur durch den Fels erfolgen.

Für uns „Flachländer" weckt die Fahrt durch den Felsentunnel ganz besondere, ungewohnte Gefühle.

Ich bin 2008 (2007 wurde der Tunnel in Betrieb genommen) zusammen mit meiner Reisegruppe von Brig nach Kandersteg durch den Lötschbergtunnel gefahren.
Wir saßen in einem normalen Personenwaggon und unser Bus war verladen worden und fuhr mit uns huckepack.
Die gesamte Strecke, fast 35 Kilometer, führte durch den Fels. Es war selbstverständlich stockdunkel draußen, der Zug fuhr schnell, er ratterte lauter als gewöhnliche Züge, und ich war beim Ausstieg froh, die steile Felswand von Kandersteg hinter mir zu lassen.
Aber ein Erlebnis war es allemal.

Heute fahren wir am Bahnhof in Domodossola vorbei. Die Straße führt im Tal stetig aufwärts. Wir passieren mehrere Baustellen. Besonders aufmerksam betrachten wir die Arbeit der „lebendigen Ampeln". Keine Technik, sondern Bauarbeiter, die uns Halt oder Weiterfahrt signalisieren. Dadurch verlieren wir keine Wartezeiten.

Ich bin auf den Ausflug vorbereitet. Dennoch muss ich aufmerksam nach rechts und links schauen, um

die Gäste auf Besonderheiten aufmerksam machen zu können.
Ich schaute also unter anderem, ob ich von dem Bau des Tunnels bei Iselle etwas sehen könnte. Nichts. Leider.

Wir sind kurz vor der Grenze und durchfahren ein besonders schönes Tal, das Tal des Divedro.
Hohe Felsen befinden sich zu beiden Seiten der Fahrbahn. Riesige Felsen liegen auch am und im Fluss, markieren die Schlucht.
Die Sonne bescheint die Häuser eines kleinen Weilers. Der Ort heißt GONDO. Durch ihn führt die Grenze zwischen Italien und der Schweiz.

Der Namen der kleinen Grenzgemeinde ist uns bekannt Nicht nur wegen des früheren Goldabbaus in den Bergen wissen wir von ihr. Im Oktober 2020 wurde die Hälfte des Ortes durch eine mächtige Schlammlawine zerstört.
In unserer Presse waren damals erschütternde Bilder. Der Schlamm „floss" mit hoher Geschwindigkeit vom Berg über die Straße in die schmale Felsenschlucht, staute einen kleinen Gebirgsfluss. Ich kann mich ziemlich genau an die Fotos erinnern.

Am späten Nachmittag, bei der Rückfahrt, sehe ich am Hang des Felsens neue Gebäude. Die Menschen trotzen der Natur, sie haben ihre Heimat nicht verlassen.
Das Passieren der Grenze ist im Vergleich dazu völlig unbedeutend.

Nach Verlassen der Schlucht fahren wir auf kurven-
reicher Strecke nach oben. Die Passstraße ist winter-
fest, sie wurde in der zweiten Hälfte des 20.Jahrhun-
derts ausgebaut. Wir fühlen uns sicher und können
unseren Blick schweifen lassen.
Ich versuche sogar zu fotografieren, denn wir nähern
uns der Ganter Brücke.
Aber immer dann, wenn ich mich mit dem Handy in
Position gebracht habe, verläuft die Straße in eine andere Richtung und ich verliere mein Motiv.

Die Brücke überspannt in einer langgezogenen Kurve
den Fluss Ganter. Sie ist beeindruckend. Die Fahrbahn schwingt sich in 150 Meter Höhe über das Tal
des Flusses. Bis 2014 soll sie sogar die Brücke mit der
größten Spannweite gewesen sein, nämlich 678 Meter. Ich zweifle, denn die Ausmaße, die ich für die "Eu-
ropabrücke" bei der Auffahrt zum Brenner kenne,
sind größer.
Während wir die Brücke queren, gewinne ich den
Eindruck, dass die Konturen der Konstruktion oberhalb der Fahrbahn genau den Konturen der Berge am
Horizont gleichen.

Das Dorf SIMPLON weist auf die unmittelbare Nähe
des Passes hin. Unsere erste Pause erfolgt hier auf
dem Plateau mit dem Blick auf die Gipfel ringsum.

Der Pass ist 1 995 Meter hoch, und von hier beginnt die Straße nach Brig abzufallen. Auf einer kleinen Erhöhung oberhalb der Straße steht das Wahrzeichen des Passes, der Steinerne Adler.

Die Fahrt hinunter ins Rhonetal nach BRIG ist Erholung pur.
Die Sonne scheint, wir sind mit unserem Bus fast allein auf der Straße; es ist Mitte August 2020, Corona-Zeit.

Die Verbindung zwischen Domodossola und Brig war schon im Mittelalter eine wichtige Handelsstraße. Im 17.Jahrhundert machte der Schweizer Handelsherr und Politiker Kaspar von Stockalper die Route über den Pass bekannt: sie wurde eine der wichtigsten Handelswege in Europa. Seinen prächtigen, barocken Palast erkennen wir, sozusagen von oben kommend, mitten im Ort Brig an den goldenen Zwiebeltürmen.

Wir passieren den Ort Brig nur am Rande, fahren weiter nach Visp und biegen ins nächste Tal ab, immer entlang des Flusses Vispa.
Die Strecke fuhr ich schon mit der Gornergratbahn. Welche der beiden Fortbewegungsmittel beeindruckender ist, kann ich nicht beurteilen. Heute fuhren wir auf der Straße, die immer wieder verbreitert und ausgebaut wird; sie führt auf halber Höhe zwischen Felsengipfel und Abgrund.

Über Neubrück, wo ich mich am Anblick der alten Brücke über die Vispa erfreue, an deren einem Ende eine kleine Barockkapelle steht, kommen wir nach Stalden.

Die Häuser sind auf einer Anhöhe gebaut. Der Ort besteht aus einem alten Dorfkern und um diesen „versammeln" sich kleine neue Wohnhäuser auf der Sonnenterrasse. Der Zug durchfährt den Bahnhof in einer Höhe von 799 Metern.

Getrennt durch ein Tal, durch welches die Fahrstraße führt, befindet sich das Bergdorf Staldenried auf der anderen Seite. Zwischen den beiden Orten gibt es eine fast waagerecht verlaufende Luftseilbahn, da beide Orte in etwa gleicher Höhe liegen.

Die Kabinen begegneten sich fast über uns, als sie zur gleichen Zeit wie wir die Straße passierten. Parallele Seilbahnen mit so großer Entfernung zwischen den Stationen hatte ich noch nie gesehen; eine wesentlich kleinere zwischen den Felsen des Meteora-Klosters in Griechenland.

In St. Niklaus, über 300 Meter höher gelegen, gibt es für mich an der einzigen größeren Kreuzung im Ort eine Neuerung: ein neues Wahrzeichen, der Nachbau eines Stockalper-Turmes mit goldener Zwiebelhaube weist uns den Weg. Wenn ich mich nicht irre, dann stand an dieser Stelle bisher ein großer Nikolaus mit einem roten Mantel.

Weiter fahren wir nach HERBRIGGEN.
Ich versuche, die Gäste auf das schreckliche Geschehen von 1991 aufmerksam zu machen.

Ein riesiger Bergrutsch beförderte 15 Millionen Kubikmeter Geröll ins Tal. Ich habe keine Vorstellung von der Menge des Gesteins, obwohl ich den neu entstandenen Bergkegel umfahren muss. Menschen kamen damals nicht zu Schaden, obgleich ein kleiner Weiler verschüttet wurde. Der Fluss setzte den Ort Ruanda unter Wasser.

Den Geröllkegel sieht man nach Jahrzehnten immer noch; zwischen den Gesteinsmassen sind schon Bäume und Büsche gewachsen.
Als ich im Zug fuhr, hörten wir im Begleitkommentar, dass eine Reihe von Sicherheitsmaßnahmen vorgenommen wurden: der Fluss wird nunmehr unterirdisch durch die Geröllmassen geleitet, eine Grube für das ständig nachrutschende Gestein des „Bis-Gletschers" wurde geschaffen, und der Berg wird ständig vermessen.
Ich bin von diesem 3 400 Meter hohen Gletscher und den zu sehenden hellblau und grün schimmernden Eisabbrüchen fasziniert, vor allem, wenn die Sonne darauf scheint und das Eis glitzern lässt.

Nach dem Passieren der Gletscherregion sind wir kurze Zeit später in TÄSCH, 1 438 Meter hoch gelegen.
Täsch bezeichnet man auch als „Parkplatz von Zermatt". Große Parkflächen sind hier notwendig, denn ZERMATT ist ein autofreier Ort.

Heute durfte unser Bus jedoch gleich auf dem Bahnhofsvorplatz stehen bleiben. Es gab nur noch einen einzigen anderen Reisebus. Wieder waren wir fast allein.

Vorortzüge verkehren zwischen Täsch und Zermatt auf einer Bergstrecke von etwa fünf Kilometern. Ich hatte eine Fahrzeit von 35 Minuten in Erinnerung; der Zug kroch den Berg hinan, es gab Holzbänke und Fenster, die man herunterschieben konnte, um zu sehen, wenn das Zug wieder in einem Bahnhof halten würde. Für mich waren diese Fahrten vergnüglich. Nichts hatte mich darauf vorbereitet, dass es diesmal anders sein würde.

Ein Pendelzug der Matterhorn-Gotthard-Bahn, neu, tolle Ausstattung, hielt. Ein ganzer Zug für uns! Die Fahrt begann, ich schaute verwundert aus dem Fenster. Alles war dunkel. Wir waren in einem Tunnel, und nach 12 Minuten fuhren wir in einen Bahnhof ein. Zermatt?! Ein neuer Tunnel für den Zug war gegraben worden. 2019 hat das Bundesparlament den Bau des neuen Eisenbahntunnels beschlossen und 2020, ein Jahr später, fuhren wir im neuen Matterhorn Terminal ein.

Gegenwärtig diskutiert man sogar darüber, von Täsch aus eine Seilbahn direkt in die Skigebiete von Zermatt zu bauen, ohne den Ort selbst zu frequentieren.

Für mich war die Fahrt das Tagesziel.

Die Gäste hatten jedoch die Option, auf eigene Kosten zusätzlich auf den GORNERGRAT zu fahren und dem Matterhorn noch näher zu sein. So stand es im Reisekatalog.

Auf meine diesbezügliche Frage hatten sich mehr als zehn Gäste gemeldet. Das bedeutete, dass eine Gruppenkarte gekauft werden konnte.

Vom Vorplatz des Bahnhofs war der Blick auf das Matterhorn phänomenal.

Mit den interessierten Gästen lief ich über den Platz zur Gornergratbahn. Es waren noch immer mehr als zehn Personen. Die Diskussion begann. Würde das schöne Wetter anhalten? Kann man auch in CHF bezahlen? Kann man halbe-halbe bezahlen? Ich lief mehrmals zum Schalter. Die Zeit verstrich, meine Gäste konnten sich nicht entscheiden. Schließlich, nach einer halben Stunde Diskussion, blieben noch drei Gäste übrig, die privat ein Ticket kauften.

Schade um die verlorene Zeit.

Insgesamt stehen uns drei Stunden Zeit zum Bummel zur Verfügung. Durch die langwierige Diskussion war die Zeit für den Teil der Gäste, die mit mir an der Bahn gestanden haben und nun doch nicht hinauf fuhren, verkürzt. Aber es war die Entscheidung der Gäste.

Nun begann auch für mich die freie Zeit.

Ich bummelte zunächst die Hauptstraße entlang bis zur Kirche.

Auf der Straße fuhren die Elektroautos, mit denen alles im Ort transportiert wird, es klapperten Pferdehufe vor den Kutschen der Hotels und es bummelten Urlauber. Nicht so viele, wie gewohnt, aber die Stadt war lebendig. Menschen sitzen in den Restaurants und Cafés. Ich suche nach einem Café, wo ich möglicherweise ein Eis essen kann. Aus dem Eis wurde dann eine Bratwurst an der Straßenecke.

Ein ruhiger Platz in Zermatt ist immer der historische Friedhof. Ich querte ihn, um einen Zugang zu den alten Vorratshäusern in Zermatt zu finden. Dabei entdeckte ich ein originelles Detail. An einem Metallkreuz für einen verstorbenen Bergsteiger hatte ein

Wanderer seine vielleicht ausrangierten Wanderstiefel gehängt. So baumelten nicht mehr gebrauchte Schuhe aus dem Jahre 2020 an einem Grab eines 1959 Verstorbenen. Ein Gruß von Wanderer zu Wanderer? Zumindest originell.

Schließlich fand ich vom Wasser aus doch noch einen Zugang zu den alten Wohn- und Vorratshäusern von Zermatt. Es wird dort viel gebaut und restauriert, aber die alten Gebäude sind typisch für die Vergangenheit in den Bergen.

Die Vorratshäusern stehen auf Pfählen, auf denen große flache Steinplatten liegen, und darauf erst ist das Vorratshaus gegründet. Der Platz zwischen dem Fußboden und dem Erdboden diente und dient der Unterbringung von Gerätschaften, Holz, Heu und anderen Vorräten. Gleichzeitig sicherte der Besitzer sein Eigentum vor Mäusen und Feuchtigkeit.
Ich fand sogar ein altes Vorratshaus am Hang über einem Steinhaus. Was war wohl zuerst da, das Stein- oder das Holzhaus?

Im modernen Teil des Urlaubsortes gibt es über 100 Hotels. Man sagt, Zermatt sei der „hotelreichste" Kurort in der Schweiz. Die meisten haben, wie auch die Wohn- und Geschäftshäuser, Holzverkleidungen, so beispielsweise das „Hotel Perren", in dem ich mehrfach wohnte.

Ich querte die Matter-Vispa, setzte mich auf einen der wellenförmigen Ruhestühle und genoss den Blick auf den Fluss und das Matterhorn.

Dabei muss mir wohl meine Fahrkarte unbemerkt aus der Hosentasche gefallen sein. Ich bemerkte es erst später, als ich meinen Rundgang fast beendet hatte.

Ein Reiseleiter verbummelt seine Fahrkarte? Undenkbar. Ich wollte mich nicht bloßstellen und eilte in die Information am Bahnhof. Die Beamtin am Schalter reagierte so, als käme das täglich vor. Ohne „Belehrung" jeglicher Art druckte sie eine neue Karte aus und überreichte sie mir mit freundlichen Worten.

Inzwischen war es am Bahnhof doch voll geworden. Nicht nur wir wollten uns dort treffen. Ich zählte mehrfach. Nur meine drei Gornergrat Fahrer fehlten. Ich schickte deshalb meine Gruppe zusammen mit dem Fahrer zurück zum Busparkplatz in Täsch und wartete allein. Kurz darauf kamen die Gäste mit dem Zug an. Ihre Aufenthaltszeit hätte länger sein können, meinten sie und bestätigten meine Auffassung, dass die lange Diskussion am Schalter den Gästen schadete.

Auch auf der Fahrt zurück ins Hotel begegneten wir kaum einem anderen Auto, nicht einem einzigen Bus. In Gedanken begann ich das „Was wäre wenn"-Spiel. Also, wie würde ich reagieren, wenn der Bus jetzt kaputt ginge?
Vor Jahren war ich mit einer Gruppe im Wallis, nördlich von Sion und Anzere.
Ein Tagesausflug führte uns zunächst ins Rhonetal und dann weiter nach Süden, wieder auf schmaler Straße aufwärts in ein recht abseits gelegenes Tal. Weder der Fahrer noch ich waren jemals hier. Just dort sprang nach einer Pause in einem Dorf der Motor unseres Busses nicht mehr an.

Durch Zufall hatte ich beim Vorbeifahren in Sion eine Werkstatt gesehen. Bus und Fahrer waren also schnell „versorgt".

Und wir? Es war unmöglich, die Entfernung ins Tal zu Fuß zurück zu legen. Noch während ich telefonierte, hatte ein Gast ein Postauto ohne Fahrer stehen sehen. Wir klingelten an der Tür des nahe gelegenen Hauses und hatten Glück. Der Fahrer würde in Kürze seine tägliche Linientour beginnen und war bereit, uns bis Sion mitzunehmen, etwa 20 Kilometer. Wenn ich mich richtig erinnere, gab es im Bus Plätze für 12 Personen. In diesen Bus zwängte sich meine gesamte Reisegruppe, also mehr als 40 Personen.

Ich zahlte zwar für alle Gäste, aber die Hilfsbereitschaft konnte ich letztendlich nicht mit Geld belohnen.

In Sion hatte die Werkstatt für uns einen Ersatzbus bereitgestellt, der uns ins Hotel brachte.

Hier auf der Simplon-Straße wäre jedoch kein kleiner Ort, kein Postbus...

Meine Gäste haben einen mit vielen Erlebnissen gefüllten Tag hinter sich. Jeder hängt seinen Gedanken nach.

Auch ich:

Vor Jahren begleitete ich häufiger Gäste in die Schweiz, erlebte das Land auch bei allen Wettern. Heute war es ein schöner Sommertag. Ich arbeitete jedoch auch in den Wintermonaten hier.

Im August 2005 erlebte ich mit meiner Reisegruppe auch den Beginn der Überschwemmungskatastrophe im Berner Oberland.

Wir wohnten damals in einem Hotel in Interlaken. Die Stadt liegt zwischen Thunersee und Brienzersee und wird wie auch die beiden Seen von der Aare durchflossen. Es war unser dritter Urlaubstag. Es regnete schon während der Anfahrt. Man empfahl uns vor Ort, das Programm zu ändern, weil vom Grimsel-Pass, unserem Tagesziel, schlechte Nachrichten kamen. Aber es regnete im gesamten Wallis stark, und die Aare, die aus dem Gebiet des Grimselpasses kam, schwoll immer mehr an. Ich entschied damals, dass wir zum Rothorn fahren, dort hätten wir wenigstens ein Dach über den Kopf, und sehenswert war die Rothornbahn allemal, denn es ist die einzige Zahnradbahn, die täglich dampfbetrieben in der Region fährt. Als wir losfuhren, regnete es. Aber je höher wir fuhren, desto dichter wurde der Nebel. Letztlich fuhren wir durch eine Nebelwand und sahen nichts von der Seenlandschaft unter uns.

Während der Abfahrt wurde der Regen sogar stärker. Das einzige Überraschende war ein Baum, direkt neben den Gleisen, den ich schon beim Hochfahren entdeckt hatte. An ihm waren eine Vielzahl bunter Schnuller/ Nuckel angebracht. Wer hatte sie aufgehängt? Eltern? Kinder? Ein Symbol für die Entwicklung des Kindes. Im Vorbeifahren war es für alle ein besonderer, ein bunter Gruß.

Der Regen ließ nicht nach, die Nachrichten waren besorgniserregend. Aber wir befanden uns ja in vermeintlicher Sicherheit.

Aber welchen Ausflug sollte ich den Gästen am nächsten Tag anbieten? Es war abzusehen, dass das geplante und von den Gästen gebuchte Programm so nicht durchzuführen war. Noch am Abend bereitete ich mögliche Varianten vor.

Aber es kam dann ganz, ganz anders. Als ich am nächsten Morgen aus dem Fenster blickte, sah ich rund um das Hotel nur braunes Wasser, keine Straße, keinen Fußweg, keinen trockenen Platz vor dem Hotel. Ich eilte als erstes zum Zimmer des Fahrers, nicht etwa in die Rezeption. Der Fahrer hatte besonnen gehandelt. Als am späten Abend der Regen immer noch nicht nachgelassen hatte, entschied er, den Bus etwas erhöht abzustellen. Der Bus war also in Sicherheit.

Im Hotel standen jedoch Keller und Küche unter Wasser. Es stand fest, dass wir das Hotel nach dem Frühstück verlassen mussten.

Entweder der Veranstalter fand ein neues Hotel für uns oder wir mussten die Reise abbrechen. Das Ergebnis der Anrufe machte noch einmal das Ausmaß der Katastrophe deutlich.

Bis nach Zürich gab es kein Hotel, das uns so kurzfristig aufnehmen konnte. Wir mussten nach Hause fahren! Es war das erste Mal, dass eine von mir begleitete Reise abgebrochen werden musste. Und bisher ist es auch noch nicht wieder vorgekommen.

Noch hatten wir keine Vorstellung von den wirklichen Folgen des Unwetters. Die eigentlich ruhig fließende Aare wurde zunehmend breiter, der Verkehr am Rande der felsigen Berge erfolgte nur einseitig, talwärts. Es war beängstigend, zu sehen, wie das Wasser von den Bergen zu Tal schoss, alle Absperrungen ignorierend.

Zu diesem Zeitpunkt wussten wir noch nichts von der Situation in der Berner Unterstadt, noch nichts davon, dass die Bewohner vom Wasser eingeschlossen waren, dass ihre Situation bedenklich war. Erst zu Hause sahen wir im Fernsehen das ganze Ausmaß der Katastrophe und waren nun doch froh, nach Hause geschickt worden zu sein.

Ich erinnere mich weiter an eine Fahrt in die Schweizer Berge, die mir immer in Erinnerung bleiben wird: Vor Jahren genoss ich erstmals den Spätfrühling in der Alpenregion Jungfrau-Aletsch in den Berner Alpen.

Wir waren mit der Bergbahn von Grindelwald zur „Kleinen Scheidegg" gefahren. Mit uns im Zug, wie überall hier, mehrere chinesische Gruppen. Diese Reisenden waren mit A4-Skizzen „ausgerüstet", mit denen sie, heftig gestikulierend, immer wieder auf den Berggipfel zeigten. Nur ein Wort konnte man verstehen: „Eiger!" „Eiger!"

Mich stört diese Hektik ungemein. Ich genieße viel lieber die Tautropfen auf der Wiese, die ersten Sonnenflecken auf den Gipfeln, betrachte intensiv die Gletscher und forsche mit dem Blick nach möglichen Abbrüchen. Auf der Kleinen Scheidegg angekommen, ist für meine Gruppe eine lange Pause vorgesehen, um uns an die Höhe zu gewöhnen. Es ist kalt hier oben. Ich laufe in östlicher Richtung entlang der Lauberhorn Seilbahn, einfach um warm zu bleiben. Jetzt ist Stille um mich her, denn außer mir ist niemand von den befestigten Wegen abgewichen. Die meisten Gäste sitzen in den Wartesälen der Bahn. Für mich blieb noch Zeit, über Gebirgswiesen zu laufen und zu fotografieren: Enzian, Bergküchenschelle, Teufelskralle, Zwergglockenblumen und wieder Enzian. Besonders gefielen mir die kleinen Alpenveilchen, die sowohl auf der Wiese als auch an den Straßenrändern blühten.

Nach fast zwei Stunden Aufenthalt zur Gewöhnung an die Höhe auf 2 061 Meter fuhren wir mit der „Jungfraubahn" weiter zum höchstgelegenen Bahnhof Europas (3 454 m), dem „Top of Europa" auf dem Jungfraujoch. Die Bahn sollte ursprünglich bis zum Jungfrau-Gipfel gehen, die Bahnarbeiten dauerten jedoch statt sieben Jahre 16, und die Kosten schnellten von 10 Millionen Schweizer Franken auf 15 Millionen. Deshalb führt die Bahn nur bis zum Joch. Mir jedenfalls reichte die Höhe.

Mir fiel es schwer zu atmen, mir war einfach nur schlecht, und deshalb lief ich ganz, ganz langsam von einem Punkt zum anderen. Ich beobachtete die Japaner mit ihren Atemschutzmasken ebenso wie die Sonnenhungrigen, die im sommerlichen Outfit waren, und die beherzten Abfahrtsläufer, die sich auf dem Jungfrau-Firn, der Teil des Aletschgletschers ist, in die Tiefe stürzten. Den meisten Besuchern ging es jedoch so wie mir, wir ließen es langsam angehen und versuchten, systematisch alles zu erkunden.

Dazu gehörte auch die Eisgrotte, eine riesige Halle, an deren Wänden die verschiedensten Tiere, aus Eis geformt, zu bestaunen waren. Ganz zum Schluss des Rundganges bleibe ich vor einer Frauenfigur stehen und lese auf dem beigefügten Schild: „die große Friedensfrau". Sie wurde allen friedliebenden Menschen gewidmet, von denen auch einige namentlich genannt wurden, wie z.B. die Geschwister Scholl, Adenauer...

Als nächstes schlendere ich zum Sphinx-Aussichtsgebäude. Ein buntes Völkergemisch bewegt sich durch die Felsentunnel: vor allem sind es Pakistaner, Japaner und Chinesen; für sie gibt es auch ein besonderes Restaurant.

Seit 2002 spricht man von „Verschwesterung" zwischen Huangshan-Berg in der ostchinesischen Provinz Anhui und der Jungfrau. Beide Gebiete verfügen über die Auszeichnung der UNESCO als Weltnaturerbe. Deshalb gibt es hier so viele chinesische Touristen.

Auf der höchsten Plattform, einem Metallgerüst, ist viel los. Hier kann jeder Besucher in alle Himmelsrichtungen schauen. Richtung Fiescher-Tal habe ich Ausblick auf den jetzt 24 Kilometer langen Aletschgletscher, den längsten „Eis-Fluss" der Alpen. Von Felsriesen eingerahmt, zieht er seine weiß-dunkle Spur, aus Schnee und Geröll bestehend. Am Horizont ragen die Spitzen weiterer Bergstöcke aus einer

„Watteschicht" heraus, die gerade abschließend den unteren Teil der Landschaft verdeckt.

Nach Norden schauend konnte ich den Brienzer See und an ihm Interlaken erkennen und sogar Bern. Über allem wölbte sich ein azurblauer Himmel ohne jegliches Wölkchen. Die aktuelle Temperatur betrug 4,5 °C (abends 18.00 Uhr in Grindelwald 25°C). Obwohl ich ziemlich beeindruckt bin, stelle ich mir die Logistik vor, die notwendig ist, um jährlich 500 000 Gäste hierher zu bringen.

Überall auf der Bergstation wird hervorgehoben, in welcher Höhe wir uns bewegen. Deshalb fand ich es durchaus lustig, dass kurz vor dem Bahnhof in 3 454 m Höhe ein „Scherzkeks" aus Sachsen in großen weißen Buchstaben an die Felsenwand geschrieben hatte: „Görlitz 199 m hoch." Vor Überraschung habe ich die angegebene Höhe vergessen.

Wie ich schon sagte, unser Urlaubsdomizil war Grindelwald. Am Ende einer ereignisreichen Woche boten wir den Gästen die Fahrt mit dem Sessellift auf den Männlichen an.

Ganz gemächlich. In kleinen Kabinenbahnen schwebten wir dem Berggrat entgegen. Wohltuende Ruhe, niemand außer unseren Gästen war hier oben und der Blick hinauf zu den höchsten Gipfeln und hinunter ins Tal war eindrucksvoll. Jeder konnte individuell „wandern", in der Sonne liegen oder sitzen, im Bergrestaurant sitzen oder, oder, oder. Die Gäste bezeichneten den hinzugefügten und von ihnen privat finanzierten Ausflug als schönstes Erlebnis der gesamten Reise. Darüber habe ich mir schon Gedanken gemacht, weil doch die imposantesten Gipfel und Gletscher weit über uns lagen.

Schließlich konzentrierte ich mich doch wieder auf unseren Ausflug, informierte über den folgenden Reisetag, versorgte die Gäste mit Getränken…, tat eben alles, was notwendig für einen weiteren erfolgreichen Verlauf der Reise war.
Unsere Fahrt zurück nach Baveno beendete einen Urlaubstag, der besser nicht hätte sein können.

Im Handel bisher erhältlich:

- Auf den Strassen nach Süden
  Ein anderes Reisetagebuch Teil1
  BoD-Nr.: 1398236
  ISBN: 9783732290505
  E-Book ISBN: 9783749400867

AUF DEN STRASSEN

NACH SÜDEN

EIN ANDERES REISETAGEBUCH
TEIL 1

Anita Lehmann

- In skandinavischen Betten
  Ein anderes Reisetagebuch Teil2
  BoD-Nr.: 1312724
  ISBN: 9783746079387
  E-Book ISBN: 9783746054490

In

SKANDINAVISCHEN

BETTEN

EIN ANDERES REISETAGEBUCH
TEIL 2

Anita Lehmann

- Sirtaki tanzt man nicht allein
  Ein anderes Reisetagebuch Teil3
  BoD-Nr.: 1366113
  ISBN: 9783748184324
  E-Book ISBN: 9783748155133

SIRTAKI

TANZT MAN NICHT ALLEIN

EIN ANDERES REISETAGEBUCH
TEIL 3

Anita Lehmann

- Späte Liebe
  Ein anderes Reisetagebuch Teil4
  BoD-Nr.:1432278
  ISBN: 9783750410282
  E-Book ISBN: 9783750483682

- Glückliche Tage am Meer
  Ein anderes Reisetagebuch Teil5
  BoD-Nr.:1485595
  ISBN: 9783751902564
  E-Book ISBN: 9783751974547

GLÜCKLICHE TAGE
AM MEER

EIN ANDERES REISETAGEBUCH
TEIL 5

Anita Lehmann

- Nähe erleben – alles schon gesehen?
  Ein anderes Reisetagebuch Teil6
  BoD-Nr.: 21542659
  ISBN: 9783753421476
  E-Book ISBN: 9783753430690

In Vorbereitung:

- Ein anderes Reisetagebuch Teil8
  Arbeitstitel unbestimmt,
  aber Buch 8 wird es geben „Wellengang".